WAS DER DRESSURRICHTER SEHEN WILL

Was der Dressurrichter sehen will

Die Dressurreiterprüfung

VON
CLARISSA L. BUSCH

© 1999 by Cadmos Verlag GmbH Lüneburg

Gestaltung: Ravenstein Brain Pool
Druck und Bindung: Westermann Druck
Zwickau GmbH
Alle Rechte vorbehalten.

Printed in Germany

ISBN 3-86127-515-5

WARUM WURDE DIE DRESSURREITERPRÜFUNG EINGEFÜHRT?   9

DER SITZ   10

Im Gleichgewicht mit dem Pferd   11
Blick geradeaus und Schultern tief   12
Aufrechte Zügelfäuste   13
Gestreckter Dressursitz   14
Schwingen in der Mittelpositur und Kreuz anspannen   16
Langer, gestreckter Schenkel und tiefe Ferse   17
Wie verbessert man seinen Sitz?   18

DIE HILFEN: VERSTÄNDIGUNG ZWISCHEN PFERD UND REITER   19

Die wichtigste Hilfe – das Gewicht   19
Das Vortreiben mit den Schenkeln ist unerläßlich   20
Annehmende Zügelhilfen   21
Nur die richtige Dosis führt zum Ziel   23
Die halbe Parade – die wichtigste Hilfe   24
Ganze Parade zum Halt   25
Hilfengebung in der Bewegung   26
    Im Schritt   26
    Im Trab   28
    Im Galopp   31

DEZENTER EINSATZ DER HILFSMITTEL   33

Die Gerte als zusätzliche Schenkelhilfe   33
Feinabstimmung mit Sporen   34

GEFÜHLVOLLE HILFENGEBUNG   35

Stets von hinten nach vorne!   35
Fairneß gegenüber dem Pferd   36
Die Vollendung des reiterlichen Könnens – die Einwirkung   37

DIE AUSBILDUNGSSKALA
– DIE BIBEL DER DRESSURREITEREI

DIE AUSBILDUNGSSKALA – DIE BIBEL DER DRESSURREITEREI   38

Ohne Takt geht nichts!   38
     Im Viertakt schreiten   39
     Im geregelten Trab   40
     Im durchgesprungenen Galopp   41

Loslassen von Verspannungen   42
     Die Welt des Pferdes ist spannend!   42
     Lösende Übungen unter dem Reiter   44

Anlehnung an das Gebiß   45
     Anlehnungsfehler und wie man sie beseitigt   46
     Das Pferd schäumt und kaut   50
     Zungenfehler   50

Reiten in Stellung und Biegung   52
     Das Pferd in der Biegung   53

Mit Schwung vorwärts   54
     Tritte verlängern im Trab   55
     Sprungerweiterung im Galopp   57
     Anlehnung in der Verstärkung   58

Reite dein Pferd gerade!   59
     Richte dein Pferd schultervor!   60
     Die Vorhand auf die Hinterhand einstellen   61

In höchster Versammlung   62
     Schulterfreiheit in der Versammlung und Verstärkung   64

HUFSCHLAGFIGUREN KLASSE E BIS L   66

Die Ecken tief ausreiten   66
Durch die Bahn wechseln   71
Auf dem Zirkel geritten   72
Aus dem Zirkel wechseln   72
Durch den Zirkel wechseln   73
Einfache Schlangenlinie   73
Doppelte Schlangenlinie   74
Schlangenlinien durch die ganze Bahn   74

FLIESSENDE ÜBERGÄNGE   75

Durchparieren   75
Geschlossenes Stehen   76
Aus dem Galopp   78
Anreiten, antraben, angaloppieren   79

KORREKTE AUSFÜHRUNG
DER LEKTIONEN KLASSE A UND L   80

Vorhandwendung   80
Viereck verkleinern und vergrößern   81
Rückwärtsrichten   84
Zügel aus der Hand kauen lassen   85
Überstreichen   86
Trabvolte   86
Kehrtvolte   87
Voltenacht   88
Galoppvolte   88
Kehrtvolten im Galopp   89
Außengalopp   89
Hinterhandwendung   91
Kurzkehrtwendung   93

ERFOLG IN DER DRESSURREITERPRÜFUNG   93

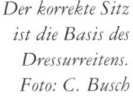

WARUM WURDE DIE DRESSUR-REITER-PRÜFUNG EINGEFÜHRT?

Vor einiger Zeit wurde auf deutschen Turnieren die Dressurreiterprüfung eingeführt. Inzwischen ist sie fester Bestandteil des Turnierprogramms in den unteren Dressurklassen. Diese Prüfung wurde eingeführt, um der immer dramatischer werdenden „Material-schlacht" entgegenzuwirken. Das „Pferdematerial" in den Dressurprüfungen ist in den letzten Jahren immer besser geworden, so daß auch ein guter Reiter mit einem normal veranlagten Pferd kaum mehr ein Chance hat. Wie das Wort Material schon ausdrückt, wurde weniger Wert auf das korrekte Reiten und Einwirken des Reiters – der ja hier eigentlich der Sportler sein sollte – gelegt, sondern viel mehr auf schwungvolle Bewegungen und Ausdruck der Pferde. Es sollte jedoch nicht der Geldbeutel der am Turnier teilnehmenden Reiter im Vordergrund stehen nach dem Motto: wer sich das beste Pferd leisten kann, gewinnt auch die Prüfung, sondern das reiterliche Können des Reiters.

Es werden Stimmen laut, daß heute im Verhältnis schlechter geritten wird als früher, daß aber die Pferde mehr Qualität haben. Ob dies global gesehen

Der korrekte Sitz ist die Basis des Dressurreitens. Foto: C. Busch

so ist, vermag ich nicht zu beurteilen. Tatsache ist, daß sehr wenige Reiter in den unteren Bereichen korrekt sitzen und einwirken. Dies ist jedoch die Voraussetzung, um in höhere Klassen zu gelangen.

Um nun einerseits eine gerechtere Bewertung für gute reiterliche Leistungen zu gewährleisten und andererseits den Reiternachwuchs zu motivieren, sich entsprechend der klassischen Reitlehre fortzubilden und damit den Grundstock für weitere langjährige Erfolge der Deutschen in der Disziplin Dressur zu erhalten, wurde die Dressurreiterprüfung in den Klassen A und L eingeführt. Im Springen hat man diese Erkenntnis bereits vor Jahren erlangt, und die Stilspringprüfung ist von unseren Basisturnieren nicht mehr wegzudenken. Wie bei allen neu eingeführten Prüfungsarten dauert es eine Weile, bis Reiter und Richter ihre Routine bei diesen Prüfungsarten gefunden haben. Obwohl es die Dressurreiterprüfung schon einige Zeit gibt, herrschen immer noch verschiedene Meinungen über den Austragungsmodus dieser Prüfung. In diesem Buch sollen nun alle wichtigen Beurteilungskriterien erläutert und soll dem Reiter erklärt werden, wie er gute Noten in dieser Prüfung erreiten kann.

In der Dressurreiterprüfung werden ausschließlich Sitz, Einwirkung, Einhalten der Hufschlagfiguren sowie Hilfengebung in den Lektionen der entsprechenden Klasse geprüft. Dies klingt recht einfach, ist aber bei korrekter Ausführung doch eine ganze Menge. Bei vielen Reitern kursiert die Meinung, der Sitz sei nicht so wichtig, da dieser nur aus ästhetischen Gesichtspunkten korrigiert werde. Dabei

Durch die korrekte Einwirkung entsteht eine harmonische Einheit zwischen Reiter und Pferd. Foto: C. Busch

ist jedoch das „schön" zu Pferde sitzen der unwichtigste Punkt bei der Sitzkorrektur. Die Harmonie des Reiters mit dem Pferd spiegelt sich in jeder Grundgangart und jeder Lektion wider. Nur aus einem korrekten Sitz können korrekte Hilfen gegeben werden. Dieser Satz stellt nicht umsonst seit Jahrhunderten den Kernpunkt der Reiterei dar. Das Reiten beinhaltet wie alle anderen Sportarten die Bewegung des Sportlers, und so wie es in allen anderen Sportarten selbstverständlich ist, daß man sich fit hält und daran arbeitet, Bewegungsabläufe zu verbessern, sollte es auch beim Reiter sein. Unsere Spitzensportler im Reiten halten sich daran und trainieren ihren Sitz und ihre Einwirkung. Amateure konzentrieren sich leider nur darauf, den Bewegungsablauf ihres Pferdes zu verbessern, was selbstverständlich wichtig ist, aber nicht ausschließlich.

DER SITZ

Richtig sitzen ist das wichtigste, denn das Pferd muß zusätzlich zu seinem eigenen Gewicht auch noch das Gewicht eines Reiters mit fünfzig bis hundert Kilogramm tragen. Man kann sich das so vorstellen, daß man als Mensch auf allen Vieren laufen und zusätzlich einen Rucksack mit zehn Kilogramm auf dem Rücken halten muß. Je nachdem wie sperrig oder ungleich verteilt das Gewicht im Rucksack ist, ist diese Last ziemlich unangenehm.

Ähnlich ergeht es dem Pferd. Wenn der Reiter auf seinem Rücken nicht in der Bewegung mitgeht und das Pferd stört, so wird es sich nicht so frei und losgelassen bewegen können und mit Widerstand gegen den Reiter reagieren, was man ihm auch nicht verübeln kann. Der Rücken des Pferdes ist sehr sensibel.

Nur ein elastisch sitzender und mitschwingender Reiter ist für das Pferd so angenehm, daß es sich ähnlich ausdrucksvoll wie ohne Reiter bewegen

Befindet sich der Reiter im Gleichgewicht, bewegt sich auch das Pferd ausbalanciert. Foto: C. Busch

kann, ansonsten hält es sich im Rücken fest, was bedeutet, daß es die Rückenmuskulatur anspannt und den Rücken nach oben wegdrückt.

Das Pferd läßt den Reiter durch dieses Anspannen nicht mehr bequem auf seinem Rücken sitzen, und es beginnt ein Teufelskreis, aus dem der Reiter nur entkommen kann, wenn er seinen Sitz ins Gleichgewicht bringt.

IM GLEICHGEWICHT MIT DEM PFERD

Gleichgewicht und Balance sind Schlagworte in der Reitersprache, die jeder benutzt, sich aber dabei wenig Gedanken um deren genaue Bedeutung macht.

Gleichgewicht bedeutet, daß der Reiter genau an der richtigen Stelle des Pferderückens sitzt. Er sollte an der tiefsten Stelle des Sattels zum Sitzen kommen, da sich hier der Mittelpunkt des Pferdes befindet. Er sitzt dabei auf dem Sitzdreieck, das aus den beiden Gesäßknochen und den beiden Oberschenkeln besteht.

Ein häufiges Problem ist das Verkrampfen des Reiters in diesem Bereich. Als Test sollten Sie auf dem Pferdesattel Ihre Gesäßmuskulatur entspannen und das gesamte Gewicht über die Gesäßknochen auf den Sattel „fallenlassen".

Das Festklammern des Reiters mit den Oberschenkeln und der Hüfte ist ein grober Sitzfehler, der leider viel zu wenig korrigiert wird. Für das Pferd ist dieses Festklammern um seinen Brustkorb höchst unangenehm.

Es ist oft ein Relikt aus der Anfängerzeit des Reiters, zu der er noch

nicht in der Lage war, sich ausschließlich auf dem Pferd zu halten, weil er seinen Schwerpunkt über den Schwerpunkt des Pferdes gebracht hat. Bei ausreichender Balance ist ein Festhalten nicht nötig.

Der Reiter sitzt gerade über der Mitte des Pferderückens.

Fotos: C. Busch

Der losgelassene Sitz der Reiterin läßt das Schwingen des Pferdrückens zu.

Auch das Hochnehmen der Hände ist ein Zeichen für mangelndes Gleichgewicht. Aus diesem Grunde wird bei Anfängern die tiefe Handhaltung gelehrt.

Ich möchte nun auf die einzelnen Bereiche des Reitersitzes eingehen, um eine umfassende Darstellung des korrekten Sitzes zu geben. Dieser wird hauptsächlich in der Dressurreiterprüfung beurteilt. Basisfehler bringen hier deutliche Notenabzüge. Jeder Reiter sollte deshalb immer wieder seinen Sitz überprüfen oder sich von einem erfahrenen Ausbilder helfen lassen.

Beherzigt man dies, kann es erst gar nicht zu langzeitigen Fehlern kommen, die sich dann in der Muskulatur des Pferdes und des Reiters festsetzen und nur noch sehr schwer zu korrigieren sind.

BLICK GERADEAUS UND SCHULTERN TIEF

Der Kopf wird frei und ohne jede Muskelanspannung auf der Wirbelsäule ausbalanciert. Der Reiter blickt geradeaus zwischen den Pferdeohren hindurch. Es ist nicht nötig, auf seine Hände oder das Pferd zu sehen. Der Reiter muß fühlen, wie gut oder schlecht er das Pferd an die Hilfen gestellt hat.

Der Kopf muß ruhig getragen werden. Ein starkes Kopfwackeln rührt daher, daß der Reiter den Schwung des Pferdes zu wenig mit den Hüftgelenken kompensiert und dieser dann über die Wirbelsäule zum Kopf geleitet wird. Um diesem Problem entgegenzuwirken, sollte vor allem auf das lockere Schwingen und die Kippfähigkeit der

links:
Der Kopf wird bei tiefen Schultern senkrecht über der Wirbelsäule getragen.

Fotos: C. Busch

rechts:
Die Oberarme liegen locker am Oberkörper des Reiters.

Der Zügel bildet mit dem Unterarm der Reiterin eine gerade Linie zwischen Pferdemaul und Reiterellbogen. Foto: C. Busch

Hüfte geachtet werden. Die Schultern des Reiters werden durch das Zusammennehmen der Schulterblätter tief genommen. Hochgezogene Schultern machen den Sitz steif und verhindern die ruhige Handhaltung. Sollten einmal kräftigere Zügelhilfen gegeben werden müssen, muß die Kraft aus dem Rücken kommen. Die Schulterpartie muß den Bewegungsschwung so abfangen, daß die Hände ruhig getragen werden können. Ein zu weites Strecken der Oberarme nach vorne ist zu vermeiden. Sie sollen neben dem Oberkörper des Reiters bleiben.

AUFRECHTE ZÜGELFÄUSTE

Die Ellbogengelenke sind fast im rechten Winkel angewinkelt, was allerdings nicht bei jeder Körperanatomie

möglich ist. Die Richter müssen dies beachten. Es soll sich eine gerade Linie von den Ellbogen über die Unterarme, Hände und Zügel zum Pferdemaul ziehen lassen. Die Ellbogen liegen locker am Oberkörper des Reiters an, ohne angedrückt zu werden, da dies ein Hochziehen der Schultern verursachen würde.

Die Hände werden locker zur Faust geschlossen und aufrecht getragen. Ein Verkrampfen der Zügelfäuste ist ein weit verbreiteter Fehler, der die elastische Verbindung unmöglich macht. Die Finger der Faust sollen zwar die Zügel umschließen, damit sie nicht durchrutschen, dürfen aber keinesfalls fest zugedrückt werden.

Das oft zu sehende Verdecken der Zügelfäuste ist zu vermeiden, da der Reiter hierbei nicht in der Lage ist, seine Fäuste nach innen einzudrehen, um eine leichte annehmende Zügelhil-

Die Zügelfäuste umfassen korrekt den Zügel. Die Daumen liegen dachförmig auf dem Zügel.
Foto: C. Busch

immer wieder vergessen. Die Zügel werden hierdurch oft zu lang. Ein unkontrolliertes Mitschlackern der Hände durch einen unruhigen Sitz ist zu vermeiden, da dies die gleichmäßige Anlehnung beeinträchtigt.

Diese Sitzdefinitionen sind natürlich stets auf den Idealkörper abgestimmt. Es ist aber normal, daß manche Reiter im Verhältnis beispielsweise kürzere oder längere Arme haben.

In diesem Fall muß die Haltung individuell angepaßt und die optimale Position gefunden werden. Dies muß bei der Sitzbeurteilung beachtet werden.

GESTRECKTER DRESSURSITZ

Der Oberkörper des Reiters ist aufrecht und gestreckt. Er darf weder einen Buckel oder ein Hohlkreuz machen noch seitlich in der Hüfte einknicken, da dies eine falsche Gewichtsverlagerung nach sich zieht.

Die Gewichtshilfe wirkt über die Wirbelsäule des Reiters senkrecht auf die Wirbelsäule des Pferdes ein. Meist sitzen Anfänger zu weit hinten, weil sie ständig versuchen, im Sattel hochzurutschen.

Hier muß darauf geachtet werden, möglichst nah an den Sattelzwiesel heranzurutschen und im tiefsten Punkt des Sattels zum Sitzen zu kommen.

Der Reiter soll auf dem gesamten Sitzdreieck zum Sitzen kommen und nicht nur auf den Oberschenkeln. Er sollte sein Gewicht auf den Gesäßknochen fühlen können.

Bei einem fälschlichen Anspannen der Oberschenkelmuskulatur drückt

fe zu geben. Die Daumen kommen dachförmig auf die Zügel über den Zeigefingern.

Die Hände werden ungefähr eine Handbreit über dem Widerrist des Pferdes, eine Handbreit auseinander und eine Handbreit vor dem Körper des Reiters getragen.

Die Zügelfäuste dürfen nur vorübergehend während einer annehmenden Zügelhilfe elastisch eingedreht werden. Das Nachfassen des Zügels ist Teil der Einwirkung und wird leider

Die Reiterin sitzt korrekt gestreckt mit genügend mitschwingender Hüfte. Foto: G. Drum

Schulter, Hüfte und Ferse des Reiters bilden eine gerade Linie. Foto: Rudi

sich der Reiter durch seine eigene Muskulatur weg vom Sattel. Als Korrektur muß er seine Muskeln entspannen und sein Gewicht „fallen lassen". Hierzu sollten die Oberschenkel leicht nach außen gelockert werden.

Zu weit nach vorne zu kippen und das Gewicht auf die Oberschenkel zu verlagern führt zum fehlerhaften Spaltsitz. Dieser entsteht meist durch zu lange Bügel.

Beim fehlerhaften Stuhlsitz sind die Bügel meist zu kurz und der Reiter kommt mit der Wirbelsäule zu weit nach hinten. Hierdurch kommen die Knie nach oben und rutschen die Unterschenkel zu weit nach vorne.

Beide Sitzfehler werden mit schlechten Noten in der Dressurreiterprüfung geahndet, weil sie Basisfehler sind und das reiterliche Fortkommen durch die falsche Hilfengebung unmöglich machen.

In der Bewegung spannt der Reiter die Bauch- und untere Rückenmuskulatur an und ab.
Foto: C. Busch

SCHWINGEN IN DER MITTELPOSITUR UND KREUZ ANSPANNEN

Die Elastizität in den Hüftgelenken und die Kippfähigkeit des Beckens sind für den guten Sitz das wichtigste Kriterium. Hüfte und Becken werden in der Reitersprache korrekt Mittelpositur genannt.

Der Pferderücken kommt nur bei einem elastisch mitgehenden Reiter zum Schwingen. Viele, auch bereits fortgeschrittene Reiter halten ihre Hüfte sehr starr und behindern trotz eines vielleicht optisch korrekten Sitzes das Pferd.

Das Aufwärtsschwingen des Pferderückens muß durch das Schwingen der Mittelpositur weich abgefangen werden, damit der Oberkörper des Reiters ruhig bleiben kann. Das Federn im Hüftbereich ist nur möglich, wenn der Reiter völlig losgelassen sitzt, ohne zu klammern. Die Bauchmuskulatur wird beim korrekten Mitschwingen stark gefordert. Zusätzlich wird das Anspannen des Kreuzes gefordert. Eigentlich ist der Begriff Kreuz nicht korrekt, da der Mensch keine Kreuzmuskulatur besitzt und ihm damit ein „Kreuzanspannen" nicht möglich ist. Kreuzanspannen bedeutet das An- und Abspannen der Bauch- und unteren Rückenmuskulatur, ohne die ein geschmeidiges Mitgehen und Vortreiben des Pferdes nicht möglich ist.

Sobald der Pferderücken aufwärts schwingt, kippt der Reiter durch leichtes Anspannen der Bauch- und Rückenmuskulatur sein Becken aufwärts, beim Abwärtsschwingen des Pferderückens wird die entsprechende Muskulatur entspannt. Der Reiter hält dabei leichte Körperspannung. Ein übertriebenes Schieben der Hüfte ist falsch, weil es gegen die Pferdebewegung wirken würde.

LANGER, GESTRECKTER SCHENKEL UND TIEFE FERSE

Die Oberschenkel sollen zurückgenommen werden, bis sich der Winkel zwischen Oberschenkel und Hüfte soweit geöffnet hat, daß die Ferse des Reiters unterhalb der Hüfte und der Schulter zu Liegen kommt.

Oft wird in Dressurreiterprüfungen ein zu weit vorne liegender Schenkel bemängelt. Meist wird dann fälschlicherweise als Korrektur der Unterschenkel weiter nach hinten gelegt. Das lange Bein entsteht aber durch das Öffnen des Hüftgelenkes. Dies muß stückweise erarbeitet werden. Wie in jeder anderen Sportart, auch müssen die entsprechenden Muskeln langsam gedehnt und aufgebaut werden, um eine perfekte Haltung zu ermöglichen.

Das Reiterknie liegt tief und flach am Sattel, ohne zu klammern. Das Kniegelenk bleibt elastisch und federt in der Bewegung mit. Es soll den Schwung des Pferdes zusammen mit den Hüft- und Fußgelenken abfangen. Wie Stoßdämpfer schwingen die Knie bei jeder Bewegung mit.

Die Unterschenkel werden soweit zurückgenommen, daß die Vorderkante der Unterschenkel hinter der Hinterkante des Sattelgurtes zu Liegen kommt.

Die Schulter-Hüfte-Ferse-Linie soll gerade sein. Werden die Unterschenkel zu weit nach hinten genommen, besteht die Gefahr, daß der Reiter zu weit nach vornüber fällt und in den Spaltsitz kommt. Bleiben die Schenkel zu weit vorne, besteht die Gefahr, in den Stuhlsitz zu verfallen. Beim Zurücklegen der Schenkel ist darauf zu achten, daß die Fersen nicht hochgezo-

*Der Schenkel des Reiters liegt geschlossen am Pferd. Er umfaßt das Pferd.
Foto: C. Busch*

gen werden. Das Bein muß möglichst lang bleiben. Der Reiter sollte den Pferdekörper an der gesamten Innenseite der Innenschenkel bis zum Absatz fühlen können.

Die Fußgelenke wirken ebenfalls wie Stoßdämpfer. Gewaltsam nach unten durchgedrückte Fußgelenke, um den Absatz tief zu halten, sind falsch, da sie die Elastizität des Fußgelenkes beeinträchtigen. Wenn die Fersen starr nach unten gedrückt werden, wird das Reiterbein auch vom Pferdekörper weggedrückt und hat keine Verbindung mehr

Richtig am Gurt liegender und vortreibender Schenkel. Foto: C. Busch

im unteren Bereich. Die Fußballen liegen an ihrer breitesten Stelle locker in den Steigbügeln.

Auch hier ist zu vermeiden, sie gewaltsam nach unten zu treten. Die Füße sind parallel zum Pferdekörper und an den Fußspitzen minimal auswärts gedreht.

WIE VERBESSERT MAN SEINEN SITZ?

Die Hinweise der Richter in der Dressurreiterprüfung auf Sitzfehler sollen vom Reiter umgesetzt werden.

Es bedarf der aktiven Mitarbeit des Reiters, um seinen Sitz ständig zu perfektionieren und somit die Grundlage für die korrekte Hilfengebung zu schaffen. Wenn man sich an eine bestimmte Art zu sitzen gewöhnt hat und diese als

richtig und normal empfindet, ist es nötig, das falsche Gefühl des Reiters zu korrigieren.

Hierzu sollte man sich von einem guten Ausbilder korrigieren lassen und zusätzlich selbst jeden einzelnen Teil seines Sitzes immer wieder überprüfen. Fotos oder Videoaufnahmen können nützlich sein, um Sitzfehler (die nicht immer eindeutig von unten zu erkennen sind) zu finden und zu korrigieren.

Um seinen Sitz zu optimieren, reicht es nicht aus, kurzfristige Korrekturen zu erhalten, vielmehr sollte der Sitz so lange korrigiert werden, bis sich der Reiter in der korrekten Sitzposition wohl fühlt. Nur dann wird die Korrektur auf Dauer beständig sein.

Leider dauert das Umstellen von Sitzfehlern meist einige Zeit und die Reiter können keinen unmittelbaren Erfolg erkennen, so daß sie oft zu früh aufgeben.

DIE HILFEN:

VERSTÄNDIGUNG ZWISCHEN PFERD UND REITER

Die Reiterin sitzt gerade, ohne in der Hüfte einzuknicken.
Foto: C. Busch

Der korrekte Sitz ermöglicht es dem Reiter, korrekte Hilfen zu geben. Ein abgedroschener Satz, der aber dennoch extrem wichtig ist.

Bei Dressurreiterprüfungen wird die korrekte Hilfengebung des Reiters überprüft.

Die Richter achten auf die korrekte Schenkeleinwirkung, die richtigen Zügel- und Gewichtshilfen.

Das Pferd kann den Reiter nur verstehen, wenn es von ihm klar verständliche Hilfen erhält. Aus diesem Grunde wird auf die Hilfengebung besonders geachtet.

DIE WICHTIGSTE HILFE – DAS GEWICHT

Die Gewichtshilfen werden über die Gesäßknochen auf den Pferderücken übertragen.

Wie bereits beschrieben, wird der Druck der Gesäßknochen auf den Sattel durch das Kreuzanspannen verstärkt. Es gibt beidseitige und einseitige Gewichtshilfen. Beim Anreiten im Schritt und im Trab und in der Vorwärtsbewegung werden beidseitige Gewichtshilfen durch das Kreuzanspannen gegeben.

In allen Biegungen, dem Galopp und bei Seitengängen werden einseitige Gewichtshilfen verlangt. Der Reiter belastet jeweils die Innenseite des gebogenen Pferdes, indem er die Schenkel korrekt ans Pferd legt.

Das Zurücknehmen des verwahrenden Schenkels führt zu einer Belastung des inneren Gesäßknochens. Hierbei wird automatisch das

*Durch das Zurück-
nehmen ihres linken
Schenkels kommt
die Reiterin im
Rechtsgalopp innen
zum Sitzen.
Foto: C. Busch*

DAS VORTREIBEN
MIT DEN SCHENKELN
IST UNERLÄSSLICH

Die Schenkelhilfen werden über das am Pferdekörper liegende gesamte Bein des Reiters gegeben. Hierbei sollte darauf geachtet werden, daß die Hilfe von oben nach unten gegeben wird.

Die Unterschenkel und Absätze drücken oder tippen je nach Intensität an den Pferdekörper.

Die Schenkelhilfen müssen in jedem Fall rhythmisch im Takt der Bewegung gegeben werden, da nur im Moment des Abfußens des Hinterbeines ein Vorwärtsimpuls an das Pferd übermittelt werden kann.

Auch bei den Schenkelhilfen gibt es beid- und einseitig treibende. Wie bei den Gewichtshilfen werden beidseitige Schenkelhilfen im geraden Vorwärts gegeben und einseitige bei gebogener Vorwärtsbewegung, wobei die äußeren Schenkelhilfen jeweils verwahrend sind. Die vortreibende Schenkelhilfe wird am Gurt gegeben. Der verwahrende Schenkel liegt eine Handbreit hinter dem vortreibendem Schenkel und verhindert das Ausfallen der Hinterhand des Pferdes. Er ist je nach Grad des Verwahrens mehr oder weniger aktiv.

Zusätzlich kann der Schenkel seitwärtreibend einwirken. Der Schenkel wird hier ebenfalls eine Handbreit hinter dem Sattelgurt angesetzt, bleibt aber im Gegensatz zum verwahrenden Schenkel stets aktiv. Er veranlaßt das gleichseitige Hinterbein im Moment des Abfußens, seitlich unter den Körper zu treten.

Gewicht auf der äußeren Seite entlastet. Auf keinen Fall darf sich der Reiter zu einer Seite lehnen, um das Gewicht zu verlagern, da er hierdurch nur in der Hüfte einknickt und das Pferd aus dem Gleichgewicht bringt.

Beim Rückwärtsrichten und im Entlastungssitz wird beidseitig entlastet, das heißt, das Gesäß liegt zwar noch am Sattel, beide Gesäßknochen üben aber keinen Druck aus.

Der gleichseitige, treibende Schenkel veranlaßt das Pferd mit der Hinterhand weit unterzutreten. Foto: C. Busch

Seitwärtstreibende Schenkelhilfen können natürlich nur einseitig gegeben werden. Der entsprechende äußere Schenkel wirkt verwahrend.

ANNEHMENDE ZÜGELHILFEN

Die annehmenden Zügelhilfen sollten stets nachrangig sein. Es kann nur soviel mit den Zügeln gegengehalten werden, wie der Reiter mit den vortreibenden Hilfen Engagement in der Hinterhand erzeugt hat.

Der allgemeinen Neigung, zu viel mit den Händen zu machen und zu wenig zu treiben, wird auch in der Beurteilung von Dressurreiterprüfungen Rechnung getragen. Die annehmenden Zügelhilfen müssen dosiert und vorsichtig gegeben werden, um die Sensibilität des Pferdemaules zu erhalten und keinen Widerstand zu provozieren, bei dem der Reiter immer den Kürzeren zieht. Wenn das Pferd auf leichte Hilfen wie das Annehmen der Zügel durch Druck mit den Ringfingern (die Fäuste zudrücken, wie beim Schwammausdrücken) nicht reagiert, wird als nächste Stufe die Zügelfaust leicht nach innen gedreht.

Ein Ziehen mit den Armen ist nur in absoluten Ausnahmefällen bei der Korrektur verrittener Pferde zu akzeptieren. Die annehmenden Zügelhilfen dürfen stets nur kurzzeitig einwirken, und eine nachgebende Zügelhilfe muß ihnen folgen.

In der Wendung wird der innere Zügel stellend angenommen, der äußere wird bis zur Erreichung der Stellung

Durch das Eindrehen der Zügelfaust stellt die Reiterin das Pferd nach rechts.
Foto: C. Busch

Das Pferd wird nur im Genick abgestellt. Es bleibt dabei in gerader Kopfhaltung ohne sich zu verwerfen.
Foto: C. Busch

nachgegeben, danach verwahrt er. Der Zügel darf nie mehr angenommen werden, als das Pferd in den ersten zwei bis drei Genickwirbeln zu einer Seite gestellt wird. Der Reiter kann dabei das innere Auge des Pferdes sehen.

Es darf keinesfalls so weit abgestellt werden, daß der Hals des Pferdes gebogen wird. Dieser Fehler ist leider weit verbreitet und veranlaßt das Pferd, mit der Hinterhand auszuweichen. Der äußere Zügel wird soviel nachgegeben wie der innere stellt, dann wird das Pferd mit beiden Zügeln in dieser Position fixiert, wobei der innere Zügel immer nur leicht anstehen sollte und nur angenommen wird, wenn das Pferd seinen Kopf zu sehr aus der Stellung nehmen möchte.

Ein Durchparieren sollte sich immer aus mehreren kurzen annehmenden Zügelhilfen zusammensetzen. Die Zügelhilfen sollten dabei möglichst unsichtbar gegeben werden. Die durch-

haltende Zügelhilfe, bei der die Zügel bei gleichzeitigem Vortreiben so lange gegengehalten werden, bis das Pferd durchs Genick nachgibt, wird ausschließlich bei der Korrektur von verrittenen Pferden angewandt.

Hierbei ist es wichtig, daß der Reiter spürt, wann das Pferd zum Nachgeben ansetzt, und in diesem Moment sofort weich mit der Hand wird. Nur dann wird das Pferd verstehen, daß es im Genick loslassen muß, um eine angenehme Verbindung zur Reiterhand zu erreichen.

NUR DIE RICHTIGE DOSIS FÜHRT ZUM ZIEL

Bei der Hilfengebung kommt es nicht nur auf die korrekte Ausführung der einzelnen Hilfen an, vielmehr ist das korrekte Zusammenspiel aller Hilfen ausschlaggebend. Das wirklich gute Reiten beginnt erst, wenn der Reiter gelernt hat, mit seinen Hilfen so zusammenzuwirken, daß er das Pferd ohne Widerstand zur völligen Losgelassenheit anregen kann.

Wichtig ist hierbei vor allem die Dosierung der Hilfen. Der Reiter soll mit möglichst feinen und kaum sichtbaren Hilfen einwirken. Dies erreicht man durch bewußte leichte Dosierung der Hilfen, die bei Nichtbeachtung durch das Pferd kurzzeitig verstärkt werden, um dann bei Reaktion des Pferdes sofort wieder zur feinen Einwirkung zurückzukehren.

Grobe Hilfen stumpfen das Pferd auf Dauer ab, und der Reiter muß immer mehr Kraft oder Hilfsmittel gebrauchen, um das Pferd zum Mitmachen anzuregen. Deshalb sollte der Reiter sich bei der Hilfengebung stets auf die Intensität konzentrieren.

Mit halben Paraden verbessert die Reiterin die Haltung des Pferdes.
Foto: C. Busch

DIE HALBE PARADE – DIE WICHTIGSTE HILFE

Halbe Paraden werden fälschlicherweise oft als Zupfen am Zügel bezeichnet, wobei die halbe Parade keineswegs eine Zügelhilfe, sondern das kurzzeitige Zusammenwirken aller Hilfen ist.

Sie ist die einzige Art, auf die annehmende Zügelhilfen eingesetzt werden dürfen: nur im Zusammenhang mit vortreibenden Schenkel- und Gewichtshilfen. Die halben Paraden werden in der gesamten Reiterei ständig benötigt und bilden damit die Basis der Hilfengebung.

Auch bei der Dressurreiterprüfung spielt die korrekte Ausführung der halben Parade eine große Rolle. Der Reiter bereitet sein Pferd in der Aufgabe durch halbe Paraden auf die Lektionen vor, nimmt das Tempo auf und verbessert die Haltung des Pferdes.

Die halben Paraden sollen möglichst unmerklich gegeben werden. Oft reicht bereits ein Strecken des Oberkörpers und Kreuzanspannen aus, um das Pferd zum vermehrten Untertreten zu veranlassen. Gleichzeitig schließen sich die Reiterschenkel und verhält die Reiterhand einen Moment in der Bewegung. Dies ist bereits eine halbe Parade, die das Pferd dazu veranlaßt, vom Arbeitstrab zurück in den versammelten Trab zu kommen, ohne daß durch Ziehen am Zügel Taktunreinheiten im Bewegungsablauf entstehen.

Bei der halben Parade ist immer darauf zu achten, daß sie nur kurz angewandt wird, auch wenn die gewünschte Reaktion des Pferdes noch nicht eingetreten ist. In diesem Fall werden die halben Paraden solange wiederholt, bis sich das Pferd aufnehmen läßt.

Während der Prüfung soll der Reiter das Pferd immer wieder aufnehmen und darauf achten, daß es nicht auseinanderfällt. Hierzu werden ebenfalls halbe Paraden benötigt.

GANZE PARADE ZUM HALT

Die ganze Parade bedeutet immer ein Durchparieren zum Halt. Sie wird stets aus mehreren halben Paraden zusammengesetzt. Der Reiter bereitet die ganze Parade durch mehrere halbe Paraden vor, bis das Pferd zum Stehen kommt. Würde er einfach am Zügel ziehen, würde sich das Pferd entziehen und abrupt auf der Vorhand bremsen, anstatt vermehrt unterzutreten und gesetzt zum Halten zu kommen.

Die ganze Parade zum Halten wird durch Herantreiben an die Hand vorbereitet. Das Pferd kommt geschlossen an den Hilfen zum Stehen.
Fotos: C. Busch

Durch die vorbereitenden halben Paraden kommt das Pferd geschlossen und ausbalanciert zum Halten.
Foto: C. Busch

HILFENGEBUNG IN DER BEWEGUNG

Natürlich wird in der Dressurreiterprüfung auch darauf geachtet, daß der Reiter in den verschiedenen Gangarten des Pferdes rhythmisch im Takt zum Treiben kommt, da er ansonsten den Takt des Pferdes stört.

Ein taktunrein gehendes Pferd wird in jeder Dressurprüfung stets mit einer Note unter 5, also nicht plazierungswürdig, benotet, um damit das fehlerhafte Einwirken des Reiters zu bestrafen. Aus diesem Grunde ist die Reinerhaltung der Gänge eine der wichtigsten Maßgaben der Dressurreiterei.

Ich möchte nun auf die einzelnen Gangarten eingehen und die genaue Hilfengebung erläutern.

Im Schritt

Im Schritt ist es relativ einfach, korrekt zu sitzen, da sich das Pferd schwunglos bewegt. Dennoch ist hier darauf zu achten, daß der Reiter in der Mittelpo-situr, also im Hüftbereich, weich mitgeht und das Pferd damit zum entschiedenen Vorwärtstreten anregt. Man sollte bei Taktproblemen beim Schrittreiten im Gelände auf seinen Sitz achten. Hier gehen die meisten Reiter genügend in der Bewegung mit, weil das Pferd mit mehr Elan vorwärtsschreitet.

Die Meinung, man könne bei einem Paß gehenden Pferd den Takt nicht mehr in Ordnung bringen, ist weitverbreitet. In besonders gravierenden Fällen ist sie sicherlich auch richtig. Aber oft ist bei zum Paß neigenden Pferden zu beobachten, daß sie bei verschiedenen Reitern mehr oder weniger unrein im Takt gehen. Hier ist eine Verbesserung des Taktproblems von einem gut mitgehenden Reiter durchaus zu lösen. Allerdings ist Vorsicht geboten, da das paßartige Gehen bei falschem Einwirken oder Spannung sofort wieder auftreten kann. Eine endgültige Korrektur dauert lange und ist meist nicht völlig möglich.

Deshalb sollte von Anfang an darauf geachtet werden, daß es gar nicht erst soweit kommt, da die Gangart Schritt in der Dressur ja immer doppelt zählt und somit stets ausschlaggebend für die Note ist.

Ebenfalls muß ein Kurz-Lang-Gehen des Pferdes vermieden werden. Auch hierfür erhält der Reiter Punktabzug. Das Pferd fußt dabei mit einem Hinterbein deutlich kürzer ab als mit dem anderen. Wenn das Pferd diese Taktunreinheit auch ohne Reiter zeigt, sollte ein Tierarzt konsultiert werden, um zu prüfen, ob eine Verletzung die Ursache für den Taktfehler sein kann. Wenn nicht, muß der Reiter seinen Sitz überprüfen.

Oft wird das Kurz-Lang-Treten durch einen falschen Sitz oder den einseitigen Gebrauch der Gerte ausgelöst. Der Reiter muß bei seinen treibenden Gewichts- und Schenkelhilfen darauf

achten, daß er das Pferd nicht zu eiligen Tritten anregt. Das Pferd muß ruhig und erhaben schreiten. Man sollte sich beim Schrittreiten immer wieder die Worte „Schrei-ten … Schreiten" vorsagen, um den richtigen Takt zu finden.

Um so ruhiger das Pferd schreitet, um so länger werden die Schritte und der Raumgriff verbessert sich. Die Schenkel bleiben gleichmäßig am Pferdekörper liegen und tippen das Pferd leicht in der Bewegung an. Wenn der Reiter seine Schenkel völlig locker läßt, wird er spüren, wie sie von alleine abwechselnd rechts und links an den Pferdekörper fallen. Dies ist der richtige Takt, der sich von alleine durch die Kontraktion und Streckung der Längsseite des Pferdes in der Bewegung ergibt.

Anfangs kann der Reiter seine treibenden Hilfen auch kontrollieren, indem er auf das Abfußen der Vorder-

Der Reiter läßt eine ausreichende Dehnung des Pferdehalses nach vorne zu. Foto: C. Busch

beine achtet. Er treibt jeweils in dem Moment auf der Seite, auf der das gleichseitige Vorderbein gerade zurückgeht (also vor dem nächsten Abfußen am Boden ist), weil unmittelbar darauf das entsprechende Hinterbein abfußt, welches er ja mit seinen treibenden Hilfen unterstützen will.

Eine starke Einwirkung mit den Schenkeln ist zu vermeiden, da das Pferd hier leicht aus dem korrekten Schritttakt kommt. Ein leichtes Verstärken des vom Pferd angebotenen Schrittes ist völlig ausreichend.

Bei Pferden mit extrem wenig Raumgriff hilft ein stärkeres Treiben auch nicht, den Takt zu verbessern. Hier sollte auf die absolute Losgelassenheit des Rückens geachtet werden. Diese verlängert die Tritte.

In der Dressurreiterprüfung spielt der natürliche Raumgriff des Pferdes auch keine Rolle. Die Hände des Reiters müssen dem Pferd im Schritt optimale Halsfreiheit geben. Der Pferdehals muß im Schritt völlig entspannt und lang sein. Es gibt kein Arbeitstempo im Schritt, sondern ausschließlich Mitteltempo, bei dem Rahmenerweiterung gefordert wird.

Viele Reiter, gerade Anfänger, neigen dazu, ihr Pferd im Schritt vermehrt an die Zügel zu stellen, um die Anlehnung zu verbessern oder weil sie es in den höheren Tempi noch ungenügend an die Hilfen stellen können.

Hiervor muß ausdrücklich gewarnt werden. Durch ein Engmachen des Pferdes im Schritt kann sehr leicht der Takt beeinträchtigt werden. Ein zu starkes Einwirken mit den Zügeln ist meistens das Hauptproblem bei Taktunreinheiten im Schritt.

Im Schritt geht der Reiter extrem mit Händen und Armen nach vorne. Das kann soweit gehen, daß die Arme völlig durchgestreckt werden, um dem Pferd die optimale Halsfreiheit zu geben. Das gleichmäßige Nicken des Pferdehalses muß zur Balance auf jeden Fall zugelassen werden. Allerdings behält auch der längere Zügel die ursprüngliche Verbindung zum Pferdemaul.

Sollte der Takt bereits gestört sein, ist es sinnvoll, vorübergehend mit hingegebenen Zügeln Schritt zu reiten. Danach sollte aber auf jeden Fall die in der Prüfung benötigte Anlehnung wieder erarbeitet werden. Das Pferd soll sich über dem Zügel tragen. Das Aufrollen des Halses hinter den Zügel ist auf jeden Fall zu vermeiden.

Im Trab

Das Leichttraben wird zwar kaum in Dressurreiterprüfungen verlangt. Dennoch möchte ich es der Vollständigkeit halber besprechen, da es doch einen großen Teil des Abreitens in Anspruch nimmt.

Der Reiter soll hierbei möglichst wenig aufstehen (es reicht, wenn das Gesäß – je nach Schwung des Pferdes – wenige Zentimeter aus dem Sattel kommt) und sich lediglich vom Schwung des Pferdes hochheben lassen. Ein aktives Hochdrücken des Körpers ist falsch, da es den Reiter aus dem Gleichgewicht bringt.

Beim Einsitzen fängt der Reiter sein Gewicht weich mit den in den Steigbügeln abgestützten Beinen ab und gleitet vorsichtig in den Sattel. Er verweilt einen Moment bei losgelassener Hüfte und angespanntem Kreuz im Sattel, um sich im nächsten

Beim Leichttraben kommt die Reiterin bei jedem Einsitzen mit Kreuz und Schenkeln zum Vortreiben.
Foto: C. Busch

Moment wieder vom Pferd weich aus dem Sattel heben zu lassen. Das Treiben findet im Moment des Einsitzens mit Gewicht und Schenkeln statt. Beim In-den-Sattel-Gleiten schließt der Reiter gleichzeitig seine Schenkel und schiebt sie dabei möglichst weit rückwärts-abwärts, ohne jedoch die Fersen vom Pferd wegzudrücken.

Das Treiben erfolgt von oben nach unten. Der Reiter schließt seine Oberschenkel, Knie, Unterschenkel und die

Der Reiter schwingt bei gut geschlossenen Schenkeln weich in der Bewegung mit.
Foto: C. Busch

Der Sitz des Reiters ist gestreckt bei gleichmäßig getragenen Zügelfäusten. Foto: C. Busch

Absätze während jedes Einsitzens. Beim Aufstehen wird die Beinmuskulatur entspannt. Die Gewichtshilfen werden über die Gesäßknochen auf den Pferderücken übertragen. Hier reicht der Schwung aus, mit dem der Reiter sein Gewicht in den Sattel bringt, um das Pferd vorwärts zu schieben.

Das Gewicht des Reiters ruht im Moment des Einsitzens korrekt auf dem Sitzdreieck. Die Hände halten weiche Verbindung zum Pferdemaul, wobei die Linie Ellbogen-Hände-Zügel-Pferdemaul gerade bleibt.

Das Aufstehen und Einsitzen des Rumpfes wird lediglich durch sich öffnende und schließende Ellbogengelenke ausgeglichen. Ein Mitnehmen der Hände nach oben beim Aufstehen, wie man es oft sehen kann, ist fehlerhaft.

Der ausgesessene Trab ist die wichtigste Bewegung in der Dressur. Beim Aussitzen wird vor allem das Mitschwingen in der Mittelpositur bewertet. Wenn der Reiter gelernt hat, sich den Pferdebewegungen weich anzupassen, kann er beginnen, innerhalb des federnden Mitgehens vermehrt mit der Hüfte nach vorne zu schieben, um das Pferd zum deutlicheren Untertreten anzuregen.

Er muß jedoch aufpassen, hier nicht fälschlicherweise Muskelkraft einzusetzen und seinen losgelassenen Sitz zu verlieren.

Das Geheimnis ist die elastische Spannung des Körpers. So wie der Begriff selbst schon ein Widerspruch in sich ist, ist es auch schwierig, verbal zu erläutern, wie der Körper des Reiters einerseits weich und federnd bleiben und andererseits mit einer leichten Anspannung das Pferd anschieben soll.

Es sollte elastische Körperspannung erreicht werden. Wenn der Reiter diesen Zustand erreicht hat, wird er es sofort spüren, da es ein besonderes Gefühl der völligen Beherrschung des Pferdes durch den Sitz vermittelt.

Die Schenkel treiben beim Aussitzen entgegen dem Leichttraben nicht mehr nur jeden zweiten Takt, sondern jedes abfußende Beinpaar, also bei jedem Tritt. Der Reiterschenkel liegt hierbei mit lockerem Knie gleichmäßig am Pferd und tippt das Pferd leicht im Takt der Bewegung an.

Ein Andrücken des Schenkels ist falsch. Die Intensität des Antippens bis hin zum kurzzeitigen Klopfen (allerdings immer nur im Takt der Bewegung) richtet sich nach dem Engagement des Pferdes in der Vorwärtsbewegung. Die Hilfe sollte ein kurzer Impuls für das Pferd sein.

Die Hände des Reiters bleiben beim Aussitzen möglichst ruhig. Dies erreicht er durch Elastizität in den Schultern und Ellbogengelenken, die den Schwung des Pferdes so abfangen müssen, daß die Unterarme und Hände des Reiters unabhängig von der Bewegung ruhig bleiben.

Das Mitschwingen der Hände aus der Bewegung heraus ist falsch. Zügelhilfen dürfen nur kontrolliert bei Bedarf gegeben werden.

Im Galopp

Im Galopp wird das Pferd in Innenstellung geritten, deshalb belastet der Reiter vermehrt den inneren Gesäßknochen und entlastet gleichzeitig den äußeren.

Die Gewichtsverlagerung bedarf keiner aktiven Einwirkung des Reiters. Der Reiter belastet seine innere Hüfte

Die Linien Ellbogen-Unterarm-Zügel-Maul und Schulter-Hüfte-Ferse bleiben auch im Galopp gerade. Foto: C. Busch

Im Galopp wird das Pferd nach innen abgestellt und mit dem inneren Schenkel hohl gemacht.
Foto: C. Busch

Der Reiter hat bei korrektem Mitgehen das Gefühl, sein Oberkörper kippt bei jedem Galoppsprung nach hinten unten. Um das Pferd fleißiger zu machen, wird nicht mit mehr Kraft vorwärtsgeschoben, sondern der Takt der vortreibenden Hilfen etwas beschleunigt. Allerdings ist immer darauf zu achten, daß die Galoppsprünge des Pferdes möglichst lang und raumgreifend sind, so daß die Beine des Pferdes möglichst lange in der freien Schwebe bleiben.

Kurze und schnelle Galoppsprünge müssen vermieden werden. Der innere Schenkel liegt vortreibend am Gurt und löst jeden Galoppsprung erneut wie beim Angaloppieren aus. Die Wade tippt im Takt losgelassen an den Pferdekörper.

Der äußere Schenkel liegt verwahrend hinter dem Gurt. Er verhindert das Ausweichen der Hinterhand. An den offenen Seiten wird er aktiver eingesetzt als auf dem Hufschlag, wo das Pferd ja durch die Bande begrenzt wird. Die Intensität ist abhängig vom Engagement des Pferdes. Normalerweise reicht ein leichtes Antippen am Pferdekörper.

Wenn das Pferd auszufallen droht, kann aber durchaus ein kurzes Klopfen der Schenkel vonnöten sein, um den Galopp wieder vermehrt anzuregen.

Die Zügelhilfen stellen das Pferd leicht zur inneren Seite. Der innere Zügel wird angenommen, bis der Reiter das innere Auge des Pferdes sehen kann. Der äußere wirkt verwahrend. Beide Hände gehen weich im Galopptakt mit nach vorne, um Dehnung des Pferdehalses im Galopp zuzulassen. Vor allem der innere Zügel läßt das Vorspringen des Pferdes zu.

automatisch durch das Zurücklegen des äußeren Schenkels. Der Sitz soll mit dem Sattel verwachsen sein, und die innere Hüfte schiebt den Rücken des Pferdes sozusagen in Richtung innere Maulseite des Pferdes.

Die Hüfte muß während des gesamten Galoppsprunges nach vorne mitgehen und darf keinesfalls nur kurz den Galoppsprung andeuten.

Der Oberkörper bleibt dabei aufgerichtet und gestreckt. Die äußere Schulter soll nicht zurückhängen. Das Vorschieben erfolgt lediglich aus der Hüfte, nicht, wie oft zu sehen, aus dem Schulterbereich.

DEZENTER EINSATZ DER HILFSMITTEL

DIE GERTE ALS ZUSÄTZLICHE SCHENKELHILFE

Bei Dressurprüfungen dürfen Gerten mit maximaler Länge von 120 cm inklusive Schlag verwendet werden. Längere Gerten sind auch im täglichen Training nicht nötig.

Geschlagen wird niemals mit der Gerte. Die Gerte sollte elastisch mit einem kurzen Schlag sein. Ein langer unbiegsamer Stock verletzt das Pferd und bringt nicht die gewünschte Reaktion, das entsprechende Hinterbein weiter unter den Pferdekörper zu nehmen.

Das Pferd stumpft durch eine ungeeignete Gerte schnell ab, und es werden immer kräftigere Einsätze nötig, die mit einer Sensibilisierung nichts mehr zu tun haben.

In der Dressurreiterprüfung wird vor allem die Zügelführung bei gleichzeitigem Gertengebrauch überprüft. Die Reiterfäuste müssen trotz der Gerte elastisch bleiben und weiche Hilfen geben können. Hierzu werden die Zügelfäuste mit der Gerte etwas breiter gestellt. Die Fäuste bleiben aber dennoch aufrecht. Das Ende der Gerte sollte in Richtung Pferdekruppe zeigen.

Während der Dressurprüfung darf die Gerte nicht in die andere Hand gewechselt werden.

Im Training sollte jedoch darauf geachtet werden, daß man die Gerte bei jedem Richtungswechsel ebenfalls in die andere Hand nimmt.

Zum einen besteht dann weniger die Gefahr, daß die „Gertenhand" unelastisch wird, und zum anderen kann man dem Pferd sehr schnell ein ungleiches Abfußen angewöhnen, wenn die Gerte immer nur einen bestimmten Hinterfuß anregt.

Die Gerte sollte nur wenig aus der Zügelfaust herausragen, um die Geschmeidigkeit des Handgelenkes zu gewährleisten. Foto: C. Busch

Der Schenkel liegt geschlossen am Pferd, ohne daß der Sporn das Pferd berührt. Foto: C. Busch

FEINABSTIMMUNG MIT SPOREN

Sporen sind in Dressurprüfungen erlaubt, wenn sie dem Pferd keine Verletzungen zufügen. Sie sollten also abgerundet sein und keine scharfen Kanten aufweisen.

Rädchensporen müssen bewegliche Rädchen haben, damit sie nicht zu Stichverletzungen führen. Aus diesem Grunde müssen sie immer wieder von verklebten Haaren und anderem Schmutz gereinigt werden.

Sporen sind geeignet, um die Feinabstimmung des Pferdes zu gewährleisten, solange sie sinnvoll benutzt werden.

Ein ständiges Anstechen des Pferdes führt lediglich zu einer Unempfindlichkeit gegen immer schärfere Sporen, wenn nicht sogar zu offenem Widerstand des Pferdes.

Pferde, die in der Dressurprüfung extrem mit dem Schweif schlagen, erhalten eine niedrigere Bewertung, da man davon ausgehen kann, daß das Schweifschlagen durch zu viel und unsachgemäßen Sporengebrauch entstanden ist.

Teilnehmer einer Dressurreiterprüfung erhalten keinen Abzug, wenn sie mit Sporen reiten. Aber es wird auf jeden Fall darauf geachtet, wie sie die Sporen einsetzen.

Der Schenkel sollte hierbei absolut ruhig liegen und der Sporn nur kontrolliert ans Pferd kommen. Ein ständiges Stechen der Sporen durch einen unruhigen Schenkel oder ein dauerhafter Einsatz durch hochgezogene, klammernde Schenkel wird auf jeden Fall negativ beurteilt.

Idealerweise sollte die Gerte nur in dem Moment eingesetzt werden, in dem der entsprechende Hinterfuß abfußt.

Die Gerte hat beim Dressurreiten die spezielle Funktion, durch leichtes Touchieren gezielt auf die Hinterhand einzuwirken und somit die Schenkel- und Gewichtshilfen zu unterstützen.

Es ist deshalb darauf zu achten, daß die Gertenhilfe zusätzlich zu den und nicht anstatt der Schenkelhilfen eingesetzt wird.

Durch die geschmeidigen und wohldosierten Hilfen bringt der Reiter das Pferd zum losgelassenen Schwingen. Foto: C. Busch

GEFÜHLVOLLE HILFEN- GEBUNG

Es reicht nicht, nur die richtigen Hilfen zu geben, der Reiter muß auch fühlen, wann welche Hilfen in welcher Stärke richtig sind. Auf die Abstimmung der Hilfengebung wird in der Dressurreiterprüfung besonders geachtet. Es ist oft ein Schwachpunkt der Vorstellung, daß das Pferd im Laufe der Prüfung immer weniger an den Hilfen des Reiters steht.

Ein im Verlauf immer schlechter gehendes Pferd erhält Punktabzug, da die Richter davon ausgehen müssen, daß der Reiter nicht in der Lage ist, das Pferd mit leichten Hilfen beisammenzuhalten. Oft können diese Reiter ihre Pferde nur mit groben Hilfen und Hilfsmitteln reiten. In der Prüfung je-

doch sind sie gezwungen, mit der feinen Hilfengebung zu reiten, die die Richter sehen möchten. Das Pferd jedoch reagiert hierauf nicht mehr.

Andererseits wird ein Pferd, das im Verlauf der Prüfung deutlich besser wird, eher höher benotet, weil man davon ausgeht, daß sich das Pferd anfänglich eventuell von der Umgebung und den neuen Eindrücken gestört fühlte. Wenn der Reiter mit seiner Hilfengebung aber in der Lage ist, dem Pferd in diesem Fall Sicherheit zu vermitteln und seine Leistung unter diesen Bedingungen steigern kann, ist das positiv zu beurteilen.

STETS VON HINTEN NACH VORNE!

Hier muß vor allem auf die Neigung der meisten Reiter, zu viel mit den Händen einzuwirken, hingewiesen werden. Viele Reiter reiten mit deutlich mehr Zügel- als Kreuz- und Schenkelhilfen. Ein daraus entstehendes Hauptproblem ist das „Auf die

Der Zügel sollte stets weich und elastisch geführt werden.
Foto: C. Busch

Die gleichmäßige Anlehnung vermittelt dem Pferd Harmonie und Zufriedenheit.
Foto: A. Busch

Vorhand kommen", wie es oft in den Protokollen einer Dressurprüfung zu lesen ist. Das Pferd wird zuwenig von hinten an das Gebiß herangetrieben und mit den Händen zu tief eingestellt. Hierdurch verlagert es sein Gewicht auf die Vorderbeine und kann in diesem Fall keine befriedigende Benotung erhalten.

Der Reiter sollte sich ständig die Frage stellen, ob er nicht noch ein wenig weicher mit der Hand werden könnte, und sollte stets versuchen nachzugeben. Gleichzeitig muß ständig darauf geachtet werden, die Hinterhand des Pferdes mit den vortreibenden Hilfen genügend zu aktivieren.

Es bedarf der ständigen Selbstkontrolle des Reiters, um gleichbleibenden Erfolg zu erzielen.

FAIRNESS GEGENÜBER DEM PFERD

Reiten ist nicht nur eine Sportart, sondern in erster Linie die Partnerschaft zwischen Mensch und Tier.

Pferde, die korrekt behandelt werden und deren Reiter Einfühlungsvermögen und Verständnis für sie zeigen, haben wesentlich mehr Freude an der Arbeit, was sich positiv in Leistungsbereitschaft und Ausbildungsergebnissen niederschlägt.

In Dressurprüfungen wird zwar das Mitmachen des Pferdes nicht explizit benotet, dennoch erkennt man am Ausdruck des Pferdes, ob es seine Aufgabe mit Freude erfüllt oder unter Zwang steht.

Letzteres beeinträchtigt den Gesamteindruck und fließt damit auch in die Note ein. Nur ein zufrieden gehendes Pferd kann die Zwanglosigkeit und Eleganz zeigen, die eine gelungene Dressurvorstellung ausmacht. Wie Menschen brauchen Pferde viel Lob. Sie freuen sich, wenn sie ihre Aufgabe gut erfüllt haben und der Reiter sie hierfür belohnt.

Schließlich starten Pferde ja nicht in Dressurprüfungen, weil sie gewinnen wollen, sondern weil sie ihrem Reiter einen Dienst erweisen und dieser sie hierfür belohnt. Sie werden diese Aufgabe dann auch gerne wiederholen, in Erinnerung an das positive Erlebnis.

Nur aus dem korrekten Sitz kann die richtige Einwirkung erfolgen. Er sollte ein Reiterleben lang immer wieder korrigiert werden.
Foto: C. Busch

DIE VOLLENDUNG DES REITERLICHEN KÖNNENS – DIE EINWIRKUNG

Unter Einwirkung verstehen wir, daß alle Hilfen des Reiters sofort und ohne Krafteinsatz willig und ohne Zögern vom Pferd angenommen und umgesetzt werden. Der Reiter ist in der Lage, seine Hilfen unabhängig vom Bewegungsablauf des Pferdes so abzustimmen, daß er das Pferd ständig und in jeder Situation korrekt an den Hilfen halten und Lektionen abverlangen kann.

In der Dressurreiterprüfung wird die Einwirkung des Reiters besonders in Augenschein genommen und bewertet. Wenn alles zusammenstimmt und der Reiter jederzeit richtig und fein zur Verständigung mit dem Pferd kommt, steht einer guten Plazierung in dieser Prüfung nichts mehr im Wege.

Die Förderung entsprechend der Ausbildungsskala führt zu einem harmonischen Zusammenspiel zwischen Reiter und Pferd. Foto: C. Busch

DIE AUSBILDUNGS- SKALA – DIE BIBEL DER DRESSURREITEREI

Die Ausbildungsskala ist die Heilige Schrift in der Ausbildung und damit turniermäßigen Vorstellung des Pferdes. Nur in Anlehnung an die Ausbildungsskala kann ein Pferd korrekt vorgestellt werden.

Bereits bei einer L-Dressur müssen alle Punkte der Ausbildungsskala erreicht sein. Die Ausbildungsskala wird auch stets zur Benotung eines Rittes herangezogen. Eine Vorstellung mit deutlichen Mängeln in einem der Punkte dieser Skala kann keine gute Note erhalten. Gerade die ersten Punkte Takt, Losgelassenheit und Anlehnung müssen für eine Note im Bereich über 5 mindestens gegeben sein.

OHNE TAKT GEHT NICHTS!

Die wichtigste Voraussetzung bei der dressurmäßigen Vorstellung ist der Takt. Ist der Takt in den Grundgangarten eines Pferdes nicht gegeben, kann der Ritt nicht plaziert werden, daher ist es von Anfang an unser oberstes

Ziel, den Takt des Pferdes in den Gangarten sowie in allen Wendungen und Übergängen zu erhalten oder sogar zu verbessern. Die korrekten Fußfolgen des Pferdes in den Grundgangarten sollte der Reiter kennen und falsche Formen sofort bemerken und erfühlen können.

Im Viertakt schreiten

Der Schritt ist ein klarer Viertakt. Hören kann man den Viertakt am besten beim Führen des Pferdes auf hartem Boden. Beginnend mit dem rechten Hinterbein folgt darauf das rechte Vorderbein, dann das linke Hinterbein und das linke Vorderbein. Dann wieder von vorne.

Hier gibt es keine Schwebephase, das heißt, es sind nie alle Beine des Pferdes in der Luft. Um den Takt zu erkennen, beobachtet man am besten das gleichseitige Beinpaar: Das Vorderbein darf erst abfußen, wenn das gleichseitige Hinterbein vorgetreten ist. Hierdurch entsteht kurzzeitig ein „V". Verschiebt sich das Abfußen und beide Beine fußen gleichzeitig oder kurz nacheinander ab, kommen die Beine nicht mehr zum „V" zusammen. Dann ist der Takt nicht mehr gegeben, und es entsteht der Paß.

Da im Schritt die größten und kaum mehr zu korrigierenden Taktprobleme entstehen können, wird er in Dressurprüfungen besonders geprüft. In der Dressurreiterprüfung kommt es zwar nicht darauf an, wie ausdrucksstark der Schritt des Pferdes ist, aber es darf dennoch kein unreiner Takt gezeigt werden, da man davon ausgehen kann, daß dieser durch den Reiter provoziert wurde.

Der korrekte Schrittakt kann durch Verspannung oder zu starke Zügeleinwirkung schnell verlorengehen. Der

Das linke Vorderbein fußt deutlich nach dem linken Hinterbein ab. Das Pferd tritt weit genung über die Spur der Vorderhufe. Foto: C. Busch

*Durch die Rahmen-
erweiterung kommt
das Pferd zum
raumgreifenden
vorwärtsschreiten.
Das Pferd steht
trotzdem an den
Hilfen des Reiters.
Foto: C. Busch*

Mittelschritt stets entspannt sein. Dennoch hält der Reiter eine leichte Verbindung zum Pferdemaul.

Im geregelten Trab

Die Fußfolge im Trab ist ein Zweitakt
und damit relativ sicher. Die diagonalen Beinpaare fußen abwechselnd
gleichzeitig ab. Dazwischen entsteht
eine Schwebephase, deshalb spricht
man hier von einer schwunghaften
Gangart.

Sollten hier Taktverluste auftreten,
sind sie auf zu starke Zügeleinwirkung,
steifen Sitz des Reiters oder ungleichmäßige Anlehnung zurückzuführen
und werden daher in der Dressurreiterprüfung geahndet. Eine unruhige
Hand kann den Takt negativ beeinflus-
sen. Im Extremfall geht das Pferd
zügellahm, das heißt, es wirkt als würde es lahmen, weil es durch die ungleichmäßige Anlehnung ständig
ungleich abfußt und mit dem Kopf
schlägt. Es sollte von Anfang an darauf
geachtet werden, daß das Pferd frisch

Reiter muß von Anfang an stets darauf
achten, daß das Pferd im Schritt frei
vorwärtsgehen kann.

Keinesfalls darf das Pferd so stark
beigezäumt werden, daß es sein Gleichgewicht (durch Ausbalancieren mit
langem Hals) nicht richtig halten kann
und mit kurzen, abgehackten Tritten
vorwärtsgeht und anfängt zu schwan-
ken. Die Halsmuskulatur sollte im

*Die Fußfolge des
Pferdes ist ein klar
erkennbarer
Zweitakt. Die
diagonalen Bein-
paare schwingen
zur gleichen Zeit
nach vorne.
Foto: A. Busch*

Das Pferd springt mit genügend weitem Rahmen nach vorne durch.
Foto: C. Busch

und gleichmäßig vorwärtstrabt, wobei ein Tritt wie der andere sein sollte, egal ob das Pferd besonders schwungvoll trabt oder nicht. Auf den Takt des Trabes wird in der Dressurreiterprüfung besonders geachtet.

Im durchgesprungenen Galopp

Der Galopp ist ein Dreitakt. Hier beginnt das Pferd beispielsweise im Rechtsgalopp mit dem linken Hinterbein, dann das diagonale Beinpaar rechts hinten und links vorne gleichzeitig und am Ende fußt das rechte Vorderbein auf.

Danach kommt eine Schwebephase, die die Gangart schwunghaft macht. Der Galopp ist im Takt gefährdet, da die Fußfolge durch zuviel Handeinwirkung leiden kann. Besonders das „Bremsen" mit den Zügeln, um den Galopp langsamer zu machen, wird in der Dressurreiterprüfung negativ

beurteilt. Im Training sollte man sich dem vom Pferd angebotenen Rhythmus anpassen und versuchen, es in diesem Tempo durch vortreibende Hilfen vermehrt an die ruhig stehende Zügelhand heranzutreiben, da es dadurch im Galopp vermehrt unterspringt und das der einzig korrekte Weg ist, das Pferd zu setzen und einen ruhigen, angenehmen, aber gleichzeitig untergesprungenen Galopp zu erreichen.

Zu starke Zügeleinwirkung hingegen verhindert das Durchspringen des Pferdes und wird es mit der Zeit dazu veranlassen, schleppend im Viertakt zu galoppieren, weil die mittlere Phase, bei der zwei diagonale Beine gleichzeitig abfußen, auseinanderfällt. Der Galopp ist in der höheren Dressur die wichtigste Gangart und sollte damit von Anfang an unterstützt und verbessert werden.

Der pendelnde Schweif und die lockeren Bewegungen zeigen die Losgelassenheit des Pferdes.
Foto: C. Busch

LOSLASSEN VON VERSPANNUNGEN

Die Losgelassenheit ist wie der Takt ein unverzichtbarer Basispunkt der Dressur. Dies bedeutet, das Pferd von jeder Spannung frei zu halten, so daß es sich locker und entspannt unter dem Reiter bewegt. Losgelassen gehende Pferde vermitteln ein Bild von Harmonie gegenüber verspannten Pferden, deren Bewegungen abgehackt und staksig wirken.

Außerdem ist die Losgelassenheit unverzichtbar, um den Reiter tief und weich einsitzen zu lassen, was bei der Dressurreiterprüfung besonders wichtig ist. Zu erkennen ist die Losgelassenheit am zufriedenen Gesichtsausdruck des Pferdes, gelöstem Ohrenspiel, schwingendem Rücken, lockeren Bewegungen, pendelndem Schweif (nicht eingeklemmt oder aufgestellt), Fallenlassen des Halses und zufriedenem Abschnauben. Zum Vergleich sollte man ein verspanntes Pferd beobachten. Das kann zum Beispiel der Fall sein, wenn es in der Reithalle oder auf der Koppel frei läuft, oder beim Zusammentreffen mit einem anderen Pferd. Es wird den Schweif und den Kopf hocherhoben tragen, den Rücken festhalten und mit stocksteifen Schwebetritten umherstolzieren. Dieses Imponiergehabe wird zwar jeden Pferdebesitzer mit Stolz erfüllen, weil sein Pferd sich hier in seiner vollen Schönheit präsentiert (was auch für den Anlaß Freilaufen völlig in Ordnung ist). So soll es aber unter dem Reiter nicht aussehen.

Die Welt des Pferdes ist spannend!

Ein grundlegendes Problem für Verspannungen sind Einflüsse von außen. Von diesen sind junge Pferde oder besonders sensible Pferde, die noch nicht viel gesehen haben, natürlich besonders betroffen. Hier ist es notwendig, dem Pferd mit ruhiger Konsequenz alle beunruhigenden Dinge zu zeigen und ihm die Angst davor zu nehmen.

Ein Verprügeln des Pferdes hat nur die entgegengesetzte Folge, nämlich die, daß das Pferd die Strafe mit dem erschreckenden Gegenstand assoziiert, noch mehr Angst bekommt, sich erst recht verspannt oder in Zukunft gar nicht mehr zu dem Gegenstand hingeht. Wenn das Pferd an irgendeiner Stelle der Reitbahn (zu Hause oder auf dem Turnierviereck in der Vorbereitungszeit) scheut, sollte der Reiter beruhigend einwirken und versuchen, es im Schritt so nahe wie möglich an der Stelle vorbeizureiten.

Wichtig ist dabei, daß man kurz vor der Stelle die Zügel etwas fester aufnimmt und mit den Schenkeln das Pferd gut begrenzt, um es nicht ausweichen zu lassen. Das Pferd wird vom Hindernis weggestellt, so daß es in die entgegengesetzte Richtung blickt, da hierdurch der Pferdekörper zum Hindernis hingedrängt wird. Ansonsten reitet man vorbei, als wäre dort gar nichts.

Der Reiter muß erreichen, daß das Pferd ihm als „Leittier" vertraut und seinem guten Beispiel, nämlich keine Angst zu haben, folgt. Danach reitet man auch im Trab möglichst nahe vorbei und achtet darauf, daß das Pferd vor und an der Stelle im Tempo weder langsamer noch schneller wird. Wenn es einigermaßen brav vorbeigeht, wird es geklopft und zur Belohnung der Zügel nachgegeben. Diese Prozedur wird solange wiederholt, bis das Pferd ohne Scheuen vorbeigeht und dann anfängt, sich zu entspannen. Dieser Weg mag mühsam erscheinen, ist aber unerläßlich, um ein mutiges, auch in schwierigen Situationen auf die Hilfen des Reiters achtendes Reitpferd zu erziehen.

Später wird sich diese Arbeit hundertfach auszahlen, wenn das Pferd nicht ständig bei neuen Eindrücken scheut. Auf dem Turnier ist diese Methode zwar schwierig umzusetzen, da sie zeitaufwendig ist. Hier sollte man dann das Prüfungsergebnis vergessen und die Aufgabe nutzen, um dem Pferd die Angst auf fremden Turnierplätzen zu nehmen.

In extremen Fällen ist es sinnvoll, die Prüfung gleich zu beenden, zu den Richtern zu reiten und ihnen die Situation kurz zu erklären und sie dann zu bitten, das Pferd noch ein paarmal an der betreffenden Stelle vorbeireiten zu dürfen. Wenn diese Prozedur dann insgesamt nicht die jedem Starter zugeteilte Zeit überschreitet, werden die Richter sicherlich nichts dagegen haben.

Für Dressurreiterprüfungen sind Pferde mit Spannungsproblemen natürlich nicht geeignet. Aber dennoch wird das Ergebnis auch bei einem von Spannung überschatteten Ritt besser

Bei ruhiger und konsequenter Einwirkung gewöhnt sich auch ein unerfahrenes Pferd schnell an die Turnieratmosphäre. Foto: C. Busch

ausfallen, wenn der Reiter entsprechend richtig reagiert. Dies muß ihm positiv angerechnet werden. Ein Bestrafen des Pferdes würde in diesem Fall eher negativ gesehen werden, weil es das Problem nicht beseitigt.

Ein weiterer Grund für Verspannung kann die Übermütigkeit des Pferdes sein, wenn es zuwenig Bewegung hat. Da Pferde von Natur aus Lauftiere sind, ist die tägliche ausreichende Bewegung über mehrere Stunden unerläßlich. Wenn dem Pferd diese Bewegung nicht unter dem Reiter verschafft werden kann, sollte es täglich noch zusätzlich auf die Koppel gebracht werden.

Dies fördert durch den Kontakt zu Artgenossen beim Herdentier Pferd gleichzeitig das Wohlbefinden und die Ausgeglichenheit. Wenn es nicht möglich ist, dem Pferd vor dem Reiten einige Stunden Freilaufen zu gönnen, sollten heftige Pferde vor dem Reiten kurz ablongiert werden. Ebenso ist dies auf dem Turnier eine Möglichkeit, das Pferd zu lösen und für den Start vorzubereiten.

Das Vorwärts-Abwärts-Traben mit langgedehntem Hals bringt das Pferd bald zur gewünschten Losgelassenheit. Foto: C. Busch.

Lösende Übungen unter dem Reiter

Dressurprüfungen werden meist bereits auf dem Abreiteplatz entschieden. Um das Pferd für die nachfolgende Arbeit im Viereck zu lösen, werden zu Beginn speziell lockernde Übungen geritten. Zuerst sollte das Pferd auf jeden Fall fünf bis zehn Minuten am langen Zügel im fleißigen Schritt geritten werden, um die Muskulatur aufzuwärmen.

Bereits beim Training zu Hause muß man ausprobieren, wie man sein Pferd am schnellsten zum Loslassen bringt. Genauso wird dann auch auf dem Turnier abgeritten. Allerdings sollte man etwas mehr Zeit einplanen, da sich das Pferd ja auch immer wieder durch die neue Umgebung ablenken läßt.

Dann wird in der Regel leichtgetrabt. Hierbei soll das Pferd mit möglichst langem Hals vorwärts-abwärts geritten werden, um die Rücken- und Halsmuskulatur zu entspannen. Es kann nicht oft genug auf das korrekte Reiten nach vorwärts-abwärts hingewiesen werden. Oft kann man sehen, daß unerfahrene Reiter ihre Pferde extrem überzäumen und sich das Pferd aufrollt und fast „in die Brust beißt". Dies fördert auf keinen Fall die Losgelassenheit, sondern führt dazu, daß das Pferd hinter dem Zügel geht und den Rücken anspannt. Es ist immer darauf zu achten, daß das Pferd seinen Hals vor allem lang nach vorne macht und sich mit völlig entspannter Halsmuskulatur streckt. Danach wird mit den verschiedenen Tempi und Lektionen begonnen.

Der Ablauf muß hier individuell auf das Pferd abgestimmt sein. Ziel ist es, ein zufriedenes, möglichst noch nicht schwitzendes, entspanntes Pferd auf das Viereck zu bringen. Nur ein ent-

spanntes Pferd kann seine Grundgang-arten korrekt zeigen, den Reiter weich sitzen lassen und alle Lektionen an den Hilfen erfüllen.

ANLEHNUNG
AN DAS GEBISS

Anlehnung ist die Verbindung zwischen Reiterhand und Pferdemaul. Diese soll weich und elastisch sein. Der Reiter muß durch die vortreibenden Hilfen die Verbindung zum Gebiß herstellen. Die Verbindung zwischen Reiterhand und Pferdemaul ist elastisch wie ein Gummiband. Der Reiter darf nie ziehen.

In sehr vielen Fällen ist gerade die Anlehnung einer der Schwachpunkte von Dressurvorstellungen. Ein Pferd, das lediglich mit groben Zügelhilfen durchgestellt werden kann, wird sich in der Prüfung immer mit festem

Rücken zeigen. Meist wird die Einwir-kung des Reiters gerade unter der Streßsituation der Prüfung noch härter. Da dieser Fehler weitverbreitet ist, wird er von den Richtern besonders hart bestraft. Die korrekte Anlehnung muß auf jeden Fall gegeben sein, um eine gute Note in einer Dressurreiter-prüfung zu erhalten.

Dauerhafte Anlehnungsprobleme müssen natürlich im Training und nicht auf dem Turnierplatz korrigiert werden. Nur wenn die Anlehnung absolut sicher ist, ist es auch sinnvoll, ein Turnier zu besuchen, da sich derar-tige Probleme in fremder Umgebung noch verstärken. Auf dem Abreiteplatz und im Viereck kann es daher zu Anlehnungsschwierigkeiten kommen. Hier sollte der Reiter ruhig bleiben und mit den ihm und dem Pferd ver-trauten Hilfen reagieren. Nimmt das Pferd die angebotene Verbindung nicht an, muß es durch vortreibende

Durch die stetige und elastische Ver-bindung zur Rei-terhand trägt das Pferd seinen Kopf gleichmäßig oben. Foto: A. Busch

Die passende Verschnallung des Zaumzeuges ist Voraussetzung für die richtige Anlehnung. Das Gebiß ist in der richtigen Höhe verschnallt.
Foto: C. Busch

Hier muß nun zur Belohnung sofort etwas nachgegeben werden. Je mehr sich das Pferd entspannt und nachgibt, desto elastischer folgt die Hand den Halsbewegungen. Das Loslassen des Pferdes im Genick wird durch das Abstellen begünstigt. Am besten wird im Arbeitstrab auf dem Zirkel geritten und das Pferd nach innen abgestellt, wobei mit dem inneren Schenkel vermehrt nach außen zum äußeren Zügel hin getrieben werden muß.

Anlehnungsfehler und wie man sie beseitigt

Über dem Zügel:

Bei Pferden, die sich heftig gegen die Hand wehren und den Kopf extrem nach oben aus der Anlehnung herausnehmen, muß der Reiter mit durchhaltenden Zügelhilfen und vortreibenden Kreuz- und Schenkelhilfen erreichen, daß das Pferd versucht, dem Druck zu entkommen und den Kopf herunternimmt. In diesem Moment muß der Reiter mit dem Zügel etwas weicher werden.

Wenn das Pferd bereits längere Zeit in dieser falschen Haltung geritten wurde, muß in einem langwierigen Prozeß die bereits fehlerhafte Halsmuskulatur des Pferdes umgeformt werden. Pferde mit deutlich ausgeprägtem Unterhals werden in Dressurprüfungen von den Richtern in puncto Anlehnung besonders kritisch beurteilt, da dieser auf eine fehlerhafte Einwirkung des Reiters hinweist.

Daher muß die Unterhalsmuskulatur abgebaut und die Oberhalsmuskulatur aufgebaut werden. Nur dann wird das Pferd sich auf Dauer nicht mehr gegen die Anlehnung wehren. Besonders das

Hilfen an die verwahrende Zügelfaust herangetrieben werden. Wenn es den Hals fallenläßt, wird sofort nachgegeben, ohne jedoch dabei den Zügel durchhängen zu lassen.

So lange das Pferd sich durch Hochdrücken des Kopfes oder seitliches Ausweichen zu entziehen versucht, hält der Reiter die Zügel durch (ohne diese jedoch zu sich zu ziehen) und treibt verstärkt nach vorne. Sobald das Pferd merkt, daß das Wegdrücken keinen Erfolg hat und sich die Verbindung nicht lockert, wird es versuchen, in eine andere Richtung zu entkommen, und den Kopf auch in die vom Reiter gewünschte Richtung vorwärts-abwärts strecken.

Reiten in Dehnungshaltung ist hier hilfreich. Hierbei wird die Verbindung zum Pferdemaul nicht aufgegeben, sondern lediglich das Zügelmaß verlängert und gleichmäßig nachgetrieben. Das Pferd soll sich Stück für Stück Zügel aus der Reiterhand ziehen. Als zusätzliche Hilfe, um die Halsmuskulatur aufzubauen, ist es sinnvoll, das Pferd vom kürzeren zum längeren Ausbindezügel zu longieren.

Das Reiten in Dehnungshaltung verbessert die Halsmuskulatur des Pferdes.
Foto: C. Busch

Hinter dem Zügel und eng im Hals:
Das ist ein leider weitverbreiteter Fehler, der von vielen Reitern nicht ernstgenommen wird. Wenn das kleine Wort „eng" öfter im Protokoll auftaucht, sollte sich der Reiter bemühen, die Halsung des Pferdes zu dehnen, da ein zu eng gehendes Pferd stets deutliche Abzüge in der Benotung erhält und sich das Engmachen auch negativ auf den Raumgriff des Pferdes auswirkt. Die Schritte und Tritte des Pferdes werden durch das mangelnde Ausbalancieren im Hals kürzer.

Zeigt das Pferd zusätzlich noch einen falschen Knick (nicht das Genick, sondern der dritte oder vierte Halswirbel ist höchster Punkt des Halses), hat man keine Aussicht auf Erfolg in der Dressurreiterprüfung. Ein Pferd, das sich aufrollt und von selbst überzäumt, ist in der Regel relativ angenehm zu reiten, weil man nichts in der Hand hat. Abgesehen von dem optischen Problem, daß das Pferd mit der Stirn-Nasen-Linie meist hinter der Senkrech-

Die Reiterhand folgt dem Pferdemaul weich und elastisch. Das Pferd hat genügend Halsfreiheit, um sich ausbalancieren zu können.
Foto: C. Busch

ten bleibt, treten die Schwierigkeiten hauptsächlich in Lektionen und Übergängen auf. Das Pferd hält nicht gleichmäßig Verbindung zur Reiterhand und ist daher in den Lektionen nicht regulierbar.

In Extremfällen kommt noch hinzu, daß man es nicht mehr vorwärts bekommt, weil es sich hinter dem Zügel verkrochen hat. Die Korrektur der Anlehnung ist hier sehr schwierig und bedarf einiges Geschickes, um die Verbindung einigermaßen herzustellen. Ob das Problem völlig behoben werden kann, ist ungewiß. Der Reiter muß das Pferd durch energische, vortreibende Hilfen zum Herantreten an das Gebiß anregen. Sobald er Kontakt zum Pferdemaul hat, muß er noch mehr vorwärtsreiten, um nun den Hals des Pferdes noch mehr zu dehnen.

Er muß jeder Dehnung mit der Hand nachfolgen, ohne die Verbindung wieder aufzugeben. Wichtig ist dabei eine tiefe und nach vorne elastische Hand. Vor allem das Höherneh-

men der Hände, um den Pferdekopf anzuheben, bewirkt genau das Gegenteil. Das Pferd rollt sich noch mehr auf. Ein Durchhängenlassen des Zügels ist ebenfalls zu vermeiden.

Das Pferd sollte nur nach vorne, nicht nach abwärts im Hals gedehnt werden, da es sich beim Abwärtsreiten meist wieder aufrollt. Es sollte also möglichst mit Aufrichtung geritten werden. Wichtig bei der Korrektur des hinter dem Zügel gehenden Pferdes ist die Ausdauer des Reiters, da sich das Problem auf Dauer nur ausräumen läßt, wenn ständig daran gearbeitet wird.

Gegen die Hand und Kopfschlagen:
Das Pferd drückt entweder konstant oder ruckartig gegen die Reiterhand nach vorne.

Das konstante Gegen-die-Hand-Drücken äußert sich vor allem in wenig losgelassenen Bewegungen und angespannter Unterhalsmuskulatur. Der Reiter darf keinesfalls mit den

Die korrekte Anlehnung und Aufrichtung lassen schwungvolle Bewegungen zu. Foto: A. Busch

Händen den Druck gegenhalten, sondern muß bei aktiven treibenden Hilfen das Pferd zur Dehnung nach vorn anregen und mit der Hand nachfolgen. Das ruckartige Drauflegen verursacht eine ungleichmäßige Anlehnung, Kopfschlagen und eventuell sogar Taktfehler beim Pferd.

Um hier zu korrigieren, bedarf es einer konstanten und leichten Verbindung zum Pferdemaul. Die Reiterhand bleibt in Verbindung zum Pferdemaul wie ein Gummiband. Der Reiter konzentriert sich auf die Verbindung. Sobald er ein Drücken gegen seine Hand spürt, federt er den Druck durch kurzes wechselseitiges Zügelspiel ab.

Die Zügelfäuste werden hier kurz auf der Stelle hin und her bewegt, ohne zurückzuziehen. Es soll lediglich das Gebiß im Pferdemaul bewegt werden, um das Pferd dazu veranlassen, nicht mehr mit der Zunge gegen das Gebiß zu drücken. Danach muß die Hand wieder ruhig und elastisch mitgehen, um zu überprüfen, ob sich der Druck verringert hat.

Erst dann kann erneut eine kurze abfedernde Bewegung vorgenommen werden. Das kurzzeitige Abstoßen des Pferdes vom Gebiß darf jedoch keinesfalls in ständiges, abwechselndes Ziehen der Zügel ausarten, weil das Pferd sicherlich nicht willig an ein ständig in seinem Maul hin und her gezogenes Gebiß herantreten will. Der Reiter darf nur im richtigen Moment einwirken.

Vor allem muß er lernen, frühzeitig zu reagieren, da das anfängliche Drücken leicht abzuwenden ist und damit ein nachfolgendes Freimachen des Pferdes verhindert wird. Die Anlehnung wird hierdurch gleichmäßiger.

Durch die leichte Innenstellung wird die losgelassene Anlehnung unterstützt.
Foto: C. Busch

Auf den Zügel legen:
Der Reiter hat das Gefühl, mit seinen Händen das gesamte Gewicht des nach unten gestreckten Pferdekopfes zu tragen. Hierdurch verlagert das Pferd sein Gewicht auf die Vorhand, was einen gravierenden Fehler in Dressurprüfungen darstellt.

Zur Korrektur wird einerseits energisch von hinten nachgetrieben, um das Pferd zur Dehnung des Halses nach vorn anzuregen. Gleichzeitig verhindert der Reiter durch wechselseitiges Zügelspiel das Drauflegen.

Ziel ist es, das Pferd dazu zu bringen, sich nach vorn und aufwärts zu dehnen. Sobald sich dies im Ansatz zeigt, folgt der Reiter dem Pferdemaul und läßt das Pferd nach oben heraus.

links:
Das Schäumen und
die lockere Unter-
halsmuskulatur
sind Zeichen für
ein williges
Annehmen der
Anlehnung.

Fotos: C. Busch

rechts:
Das kurzzeitige
Zeigen der Zunge
an der unteren
Maulpartie wird
nicht als grober
Fehler beurteilt.

Ein Dehnen nach unten wird nicht gestattet. Mit der Zeit wird das Pferd mehr Oberhalsmuskulatur ansetzen und sich immer mehr tragen können. Das Reiten von Übergängen und Tempiwechseln wirkt sich hier positiv aus.

Das Pferd schäumt und kaut

Die Richter achten während der Prüfung ebenfalls auf das Pferdemaul. Es soll auf jeden Fall geschlossen sein und am besten durch leichtes Kauen auf dem Gebiß Schaum produzieren, der dann leicht um die Lippen zu sehen ist.

Dies ist das Idealbild. Man geht davon aus, daß das Pferd automatisch am Gebiß zu kauen beginnt, wenn die Verbindung korrekt ist und das Pferd das Gebiß sucht, da durch das Hergeben des Genicks der Kanal zur Ohr-speicheldrüse frei wird und der Speichel zu fließen beginnt. Der Speichelfluß wird allerdings nur positiv in Verbindung mit einer korrekten Anlehnung gesehen.

Es ist daher sinnlos, bei einem unrittigen Pferd den Schaum durch Füttern von Äpfeln oder ähnlichem zu provozieren. Es gibt auch Pferde, die nicht kauen und schäumen. Wenn sie allerdings die anderen Merkmale einer leichten Anlehnung zeigen und sich zufrieden präsentieren, wird das Fehlen nicht negativ beurteilt.

Zungenfehler

Unter Zungenfehlern wird das seitliche Heraushängenlassen der Zunge verstanden oder ein Hochziehen der Zunge, bis sie über das Gebiß genommen wird. Dies erkennt der Reiter daran, daß eine zuerst starke Verbindung zum Pferdemaul plötzlich extrem weich wird. Das Pferd ist dann hinter dem Zügel.

Bei extremen anhaltenden Zungenfehlern kann keine plazierungswürdige Note mehr gegeben werden. Ein kurzzeitiges Zeigen der Zunge wird noch nicht negativ bewertet. Alle deutlichen Zungenprobleme werden in Dressurprüfungen negativ bewertet, da sie in fast allen Fällen durch zu harte oder fehlerhafte Handeinwirkung oder unsachgemäßes Reiten mit scharfen Gebissen im Laufe der Ausbildung des Pferdes provoziert wurden.

Eine Korrektur stellt sich oft schwierig dar. Durch ein unpassend verschnalltes oder in der Breite unpassendes Gebiß können Zungenfehler entstehen.

Als erstes ist zu überprüfen, ob das Gebiß richtig paßt. Es sollte, wenn es gerade im Pferdemaul liegt, an jedem Maulwinkel einen halben Zentimeter überstehen. Als nächstes ist die Verschnallung zu überprüfen. Liegt das Gebiß zu tief, fördert dies das Hochziehen der Zunge. Das Gebiß muß so verschnallt sein, daß es ohne die Maulwinkel hochzuziehen möglichst hoch liegt. Keinesfalls darf es die Zähne des Pferdes berühren. Deshalb sollte man durch einen Blick in das Pferdemaul die korrekte Lage überprüfen.

Ein zu locker verschnallter Nasenriemen kann ebenfalls Ursache für das Hochziehen und Heraushängenlassen der Zunge sein. Dieser sollte straff, aber nicht fest geschlossen werden. Die Korrektur eines Zungenfehlers kann immer nur über die Verbesserung der Anlehnung erfolgen. Um so weicher und harmonischer die Anlehnung wird, umso größer ist die Chance, dem Pferd den Zungenfehler abgewöhnen zu können.

Es kann vorübergehend ein Zungenstrecker (eine Gummilasche, die auf die Trense aufgezogen wird) oder ein Korrekturgebiß für Zungenstrecker verwendet werden.

In der Regel hält aber der Erfolg nur so lange an, wie das Hilfsmittel benutzt wird. Auf dem Turnier sind Zungenstrecker selbstverständlich nicht erlaubt. Auf Dauer wird nur die Verbesserung der Durchlässigkeit und Aktivierung der Hinterhand sowie das Herantreiben ans Gebiß zum Erfolg führen.

Das Pferd steht zufrieden am Zügel. Das Genick ist der höchste Punkt. Foto: C. Busch

links:
Der Pferdekopf
wird nur soweit
abgestellt, daß der
Reiter das innere
Pferdeauge gerade
sehen kann.

Fotos: C. Busch

rechts:
Die Stellung findet
nur im Genick und
den ersten Halswir-
beln statt. Der
Hals des Pferdes
bleibt gerade.

REITEN IN STELLUNG UND BIEGUNG

Stellung und Biegung sind zwar keine eigenen Begriffe in der Ausbildungsskala. Da sie in der Dressurreiterei aber eine große Rolle spielen, möchte ich gesondert auf sie eingehen. Stellung bedeutet die seitliche Abstellung des Pferdekopfes im Genick. Die Wirbelsäule des Pferdes bleibt dabei gerade. Bei einem losgelassenen Pferd kann man die korrekte Stellung daran erkennen, daß der Mähnenkamm des Pferdes zur Innenseite kippt. Falsche Stellung in Lektionen oder Wendungen wird besonders in Dressurreiterprüfungen negativ beurteilt.

Stellung wird in jeder Wendung, im Galopp sowie bei Seitengängen gefordert. Bei korrekter Abstellung kann der Reiter das innere Auge und den Nüsternrand des Pferdes schimmern

sehen. Die Stellung erleichtert das Durchstellen des Pferdes und verbessert die Verbindung zum äußeren Zügel, die im Laufe der dressurmäßigen Arbeit immer mehr gefördert wird.

Sie wird erreicht, indem der Reiter den Pferdekopf vorsichtig mit dem inneren Zügel abstellt; der äußere Zügel gibt dabei nach und läßt das Abstellen zu. Ist der korrekte Grad der Abstellung erreicht, wird diese mit beiden Zügeln fixiert. Der äußere Zügel wirkt hierbei verwahrend, das heißt, er begrenzt den Hals des Pferdes, bleibt aber elastisch. Der innere Zügel entspannt sich bei korrekter Stellung, um das optimale Vortreten des inneren Hinterbeines (das in jeder Wendung vermehrt gefordert wird) zuzulassen. Der innere Zügel wird so leicht wie möglich geführt und nur angenommen, wenn die Stellung zu wenig wird. Leider stellen viele Reiter dabei den Kopf des Pferdes zu weit nach innen ab. Sie haben dadurch das Gefühl, das Pferd besser im Griff zu haben, oder möchten so eine vorhandene Schiefe des Pferdes ausgleichen. Oft versuchen auch Reiter von heftigen Pferden, diese durch das Festhalten des inneren Zügels zu regulieren. Dem ist entschieden entgegenzuwirken, da dies die Probleme des Pferdes nur verstärkt. Die Stellung soll ausschließlich im Genick des Pferdes stattfinden, ein Biegen des Halses ist falsch.

Ein oft auftretender Fehler ist das Verwerfen im Genick. Hierbei hält der Reiter den äußeren Zügel während des Abstellens fest und verursacht damit ein Verkanten des Pferdekopfes. Das innere Ohr des Pferdes wird dabei tiefer getragen als das äußere. Das Pferd versucht so dem Druck auf beide Laden auszuweichen. In diesem Fall muß sofort nachgegeben werden und energisch vorwärts geritten werden. Das Verwerfen ist ein grober Fehler, der mit deutlicher Notenminderung geahndet wird.

Das Pferd in der Biegung

Unter Biegung verstehen wir die Wölbung der gesamten Längsachse des Pferdes einschließlich des Halses. Die Stellung im Genick ist Voraussetzung für die Biegung der Pferdewirbelsäule. Durch die Biegung wird die Wirbelsäule des Pferdes zur Innenseite hohl.

Biegung wird auf allen Wendungen und in diversen Lektionen verlangt. Um diese zu erreichen, gibt der Reiter seinem Pferd zuerst Stellung. Das Pferd wird um den inneren Schenkel des Reiters gebogen. Dieser wirkt

Der innere Schenkel des Reiters wirkt aktiv am Gurt ein, um das Pferd zu biegen.
Foto: C. Busch

aktiv am Gurt ein. Gleichzeitig wird der äußere Schenkel verwahrend hinter dem Gurt eingesetzt. Bei einem korrekt gebogenen Pferd treten die Hinterbeine auf einer gebogenen Wendung in die Hufspuren der Vorderbeine. Der Reiter wirkt mit seinem inneren Schenkel im Takt der Gangart am Gurt ein. Oft wird der innere Schenkel viel zu fest und starr gegen die Rippen des Pferdes gepreßt, oder sogar der Sporn extrem eingesetzt.

In diesem Fall wird sich das Pferd eher gegen den Schenkel wehren als sich elastisch um ihn biegen. Der Reiter sollte vielmehr mit seinem Bein vom Oberschenkel bis zur Ferse den Pferdekörper im Takt antippen, um Impulse zur Biegung zu geben. Der innere Gesäßknochen wird belastet

Die Hinterbeine des Pferde fußen in der Wendung durch die Einwirkung des verwahrenden äußeren Schenkels (hier linker Schenkel) in die Spur der Vorderbeine. Foto: C. Busch

tervor gerichtet. Eine übertriebene Abstellung ist zu vermeiden. Verlangt der Reiter mehr Abstellung vom Pferd als Biegung möglich ist, weicht das Pferd immer mit der Hinterhand aus. Bei korrekter Biegung bleibt das Pferd auch ohne die ständige Einwirkung des inneren Zügels nach innen gestellt.

Der leichte innere Zügel ist besonders wichtig, da er auf das innere Hinterbein einwirkt und ein vermehrtes Untertreten des inneren Hinterbeines ermöglicht.

MIT SCHWUNG VORWÄRTS

Schwung kann nur in den Gangarten Trab und Galopp entwickelt werden, da diese entgegen dem Schritt eine Schwebephase haben. Schwungentfaltung bedeutet die Steigerung des natürlichen Schwunges des Pferdes durch das vermehrte Engagement der Hinterhand in Bezug auf die Vorwärtsbewegung und kann daher auch von einem Pferd mit weniger Gangvermögen gezeigt werden.

Die Schwungentfaltung wird sowohl in den Grundtempi als auch in den Verstärkungen geprüft. Leider wird im Mitteltempo oft einfach schneller geritten, was grundlegend falsch ist, da hierbei die Schwebephase durch den schnelleren Abfußtakt verkürzt und nicht verlängert wird. Schwungentwicklung ist von einer Verlängerung der Schwebephase charakterisiert.

und der Schenkel wirkt bereits unterhalb des Hüftgelenkes auf die Rippenbiegung des Pferdes ein. Der äußere Schenkel liegt locker verwahrend eine Handbreit hinter dem Gurt und begrenzt das Ausweichen der Hinterhand. Auch der äußere Schenkel wirkt im Takt der Bewegung ein.

Bei korrektem Biegen hat der Reiter das Gefühl, daß sich der Pferdekörper um seinen inneren Schenkel legt und das innere Hinterbein des Pferdes näher zum äußeren Hinterbein unter den Körperschwerpunkt fußt. Die Vorderpartie des Pferdes ist leicht schul-

In der Dressurreiterprüfung wird die korrekte Einwirkung des Reiters zur Schwungentfaltung verlangt. Erst wenn sich das Pferd sicher in allen Grundgangarten im Takt, am Zügel und mit schwingendem, losgelassenem Rücken bewegt, sollte der Reiter beginnen, durch verzögertes, energischeres Einwirken der vortreibenden Hilfen das Pferd zu veranlassen, mit der Hinterhand kräftiger abzufußen und den Moment der freien Schwebe zu verlängern.

Wichtig ist vor allem, daß der Reiter sein Gefühl für Takt und Abfußen des Pferdes schult. Im Leichttraben kann durch energischeres Einsitzen und gleichzeitig leicht verzögerten Takt mit der Zeit erreicht werden, daß das Pferd kräftiger abfußt und etwas länger in der freien Schwebe verharrt. Der Rhythmus der Trabbewegung bleibt dabei gleich.

Die Verstärkungen des Pferdes dürfen keinesfalls eilig wirken. Der Reiter beeinflußt das Abfußen durch energischere Schenkel- und Kreuzhilfen und gleichzeitig regulierende Zügelhilfen, die das Pferd nicht davonstürmen lassen.

Um das Verlängern der Tritte zu ermöglichen, ist es unerläßlich, das Pferd im Rahmen zu erweitern, das heißt, den Hals bei Selbsthaltung mehr nach vorne zu dehnen. Je länger der Hals des Pferdes während der Verstärkung in der Anlehnung ist, desto weiter kann es vortreten. Durch das energischere Treiben streckt sich das Pferd automatisch mehr nach vorne, um die Balance halten zu können. Der Reiter braucht deshalb mit seinen Händen lediglich der Dehnung zu folgen. Ein Durchhängenlassen der Zügel ist jedoch falsch, da das Pferd hierdurch auf die Vorhand kommt. Das Pferd muß sich oberhalb des Zügels tragen. Während der verlängerten Tritte bleibt die Anlehnung voll erhalten.

Das engagierte Vorschieben der Hinterhand mit Kreuz und Schenkel macht die Trabbewegung des Pferdes schwungvoll.
Foto: C. Busch

Zur Verbesserung der Anlehnung und Haltung werden auch während der Verstärkung halbe Paraden gegeben (ohne jedoch dabei den Takt des Pferdes zu stören).

Tritte verlängern im Trab

Das Tritteverlängern sollte immer im Wechsel mit dem Aufnehmen des Trabes erfolgen, um die Hinterhand wieder heranzuschließen. Der Reiter achtet auf das Antreten aus der Hinter-

Der Reiter gestattet dem Pferd in der Verstärkung genügend Rahmenfreiheit nach vorne.
Foto: H. Thiel

*Die Reiterin sitzt auch in den verlängerten Tritten gut „im Pferd" und wirkt mit halben Paraden ein.
Foto: C. Busch*

Sehr oft sind nicht die mangelnden Bewegungen des Pferdes das Handicap für einen korrekten Mitteltrab, sondern das Stören des Reiters auf dem Pferderücken.

Die Mittelpositur muß genügend mit nach vorne aufwärts schwingen, die Schenkel bleiben im Takt treibend am Pferdekörper. Ein extremer Schenkeldruck oder Sporeneinsatz ist zu vermeiden, da sich das Pferd hierdurch im Rücken festhält. Vielmehr muß das Engagement der Hinterhand vor der Verstärkung erarbeitet und somit Vorwärtsdrang beim Pferd geschaffen werden, der dann einfach nur noch mit dem Sitz im Takt gehalten wird.

Taktfehler in der Trabverstärkung werden negativ beurteilt. Es ist die Aufgabe des Reiters, das Pferd in der Verstärkung im Gleichgewicht zwischen den Hilfen zu halten und das Tempo nicht zu überdrehen, so daß ein Tritt wie der andere im Takt erfolgt. Unruhiger Sitz und Gerteneinsatz verursachen jedoch oft ungleiche Tritte.

hand und die Beibehaltung des Taktes. Er sollte vor allem elastisch in der Bewegung mitschwingen.

*Das Pferd bleibt beim Tritte verlängern durch das Heranschließen der Hinterhand gut bergauf.
Foto: C. Busch*

Sprungerweiterung im Galopp

Im Galopp wird auf das Verlängern der Schwebephase geachtet. Hier kommt es wieder auf den Sitz des Reiters an, der durch verzögertes, aber energisches Vorschieben der Hüfte (ohne im Sattel zu rutschen) das Pferd anregt, weiter durchzuspringen.

Der Reiter muß darauf achten, daß die Hüfte den Galoppsprung bis zum Ende begleitet. Oft wird das Mitgehen der Hüfte nur bis zu drei Vierteln der Galopphase angedeutet. Dies ist falsch und wird mit der Zeit nur einen trägen, nicht schwungvollen und bodengewinnenden Galopp ergeben.

Das Pferd muß im Galopp mehr unterspringen und bedarf der vermehrten Unterstützung durch die vortreibenden Hilfen. Um den Schwung zu verbessern, beginnt der Reiter nach dem Festigen des Galopps mit Tempiwechseln. Der Schwerpunkt liegt beim Zulegen, da ein verfrühtes Verkürzen im Galopp das Pferd zum Ausweichen der Hinterhand verleitet.

Am besten reitet man auf dem Zirkel immer wieder drei bis vier Galoppsprünge energischer vorwärts und achtet dabei auf eine korrekte Anlehnung und gleichbleibenden Takt. Danach wird das Pferd wieder in das ursprüngliche Tempo zurückgenommen, ohne dabei das Vortreiben mit Kreuz- und Schenkelhilfen zu vernachlässigen. Die Zügelhilfen wirken leicht abfedernd. Sie dürfen keinesfalls ziehen.

Später verlängert der Reiter die Galoppsprünge an der langen Seite und zählt sie. Anfangs wird das Pferd bei einem mittleren Galoppsprung acht bis neun Galoppsprünge

In der Galoppver-
stärkung bleibt das
Pferd über den
Rücken und in der
Anlehnung.
Foto: C. Busch

an der langen Seite benötigen. In einer korrekten Verstärkung im Mittelgalopp soll das Pferd an einer 40 Meter langen Seite rund sechs bis sieben Galoppsprünge benötigen.

In kleineren Dressurprüfungen werden die Galoppverstärkungen leider fast ausschließlich übereilt geritten.

Meiner Meinung nach liegt dies am falschen Verständnis der Reiter. Sie glauben, man müßte einfach nur zügig vorwärtsgaloppieren. Dabei machen die meisten Pferde aber nur schnellere, kürzere Galoppsprünge, kommen zudem auf die Vorhand oder werden schief.

Hier ist wieder die Beibehaltung des Taktes das A und O. Die Schwebephase muß sich verlängern und nicht der Takt eiliger werden. Der Reiter stellt sich vor, daß er mit seiner Hüfte das Pferd „länger in der Luft hält". Die korrekte Einwirkung bringt dann auch gute Noten in der Dressurreiterprüfung.

Anlehnung in der Verstärkung

Verstärkungen dürfen nicht gegen die Hand oder mit weggedrücktem Rücken des Pferdes geritten werden.

Es wird immer nur soviel zugelegt, wie das Pferd noch korrekt an den Hilfen bleibt. Auch in der Rahmenerweiterung bleibt die gleichmäßige Verbindung zur Reiterhand bestehen.

Es ist sowohl das Festhalten des Zügels zu vermeiden, weil das Pferd hierdurch eng wird und die Tritte und Sprünge nicht länger werden, als auch das Wegwerfen des Zügels, da das Pferd dann die Balance verliert und auf die Vorhand kommt. Richtig ist das weiche Mitgehen der Reiterhand und die korrekte Einwirkung mit halben Paraden, die die Haltung des Pferdes erhält.

REITE DEIN PFERD GERADE!

Das Pferd ist von Natur aus schief. Dies kommt einerseits von der Lage des Fohlens im Mutterleib, andererseits durch die Tatsache, daß es vorne (an der Brust) schmaler ist als hinten (Hüfte). Fast alle jungen und unausgebildeten Pferde „kleben mit der Schulter an der Bande" und fußen daher mit dem inneren Hinterfuß weiter in der Bahnmitte als mit dem inneren Vorderfuß.

Aus diesem Grund geht viel Vorwärtsimpuls verloren. Ein Ausrichten der Vorhand auf die Hinterhand durch leichte Schultervorstellung ist deshalb unerläßlich.

In der Dressurreiterprüfung wird geprüft, ob der Reiter das Pferd sowohl auf der Geraden als auch in den Wendungen auf einem Hufschlag reiten kann. Gerade bei Galoppverstärkungen und engen Wendungen zeigt sich oft die Schiefe, also das Fußen auf zwei Hufschlägen und das Wegdrücken der Hinterhand nach innen, und zwar meist auf einer Hand deutlicher.

Der Ausdruck „schief" im Protokoll wird aber von vielen Reitern falsch interpretiert, indem sie meinen, es geht hier um das Geradeauslaufen auf der Mittellinie oder den langen Seiten. Das Geraderichten des Pferdes ist wie alle anderen Punkte der Ausbil-

Mit dem inneren Schenkel hält die Reiterin die Hinterhand des Pferdes auf dem Hufschlag. Gleichzeitig stellt sie das Pferd leicht nach innen ab. Foto: C. Busch

dungsskala nicht als einmalige Ausbildungsstufe zu sehen, sondern bildet die Basis des täglichen Trainings des Pferdes. Die Punkte der Ausbildungsskala sind das ständige Gymnastikprogramm, die das Pferd in die Lage versetzen, sich dressurmäßig zu bewegen. Setzt man längere Zeit mit dem entsprechenden Training aus, wird das Pferd die zugehörige Muskulatur verlieren und man beginnt wieder von vorne.

Natürlich ist das Erhalten der Muskulatur einfacher als die Neubildung. Es liegt am Reiter zu erkennen, in

welchen Bereichen mehr geübt werden muß, um die Gymnastizierung und damit muskuläre Voraussetzung des Pferdes zu erhalten.

Dies ist die Basis für den Besuch von Dressurturnieren. Zur Geraderichtung ist vor allem das Arbeiten des Pferdes in den Seitengängen wichtig.

Richte dein Pferd schultervor!

Um ein Pferd geraderichten zu können, ist es unerläßlich, es in den Seitengängen auszubilden. Man sagt, ein Pferd ist erst vollkommen geradegerichtet, wenn es alle Seitengänge beherrscht.

Für die Klassen E, A und L ist es durchaus ausreichend, das Pferd durch Schenkelweichen und leichte Schultervorstellung geradezurichten.

Beim Schenkelweichen wird das Pferd im Gegensatz zum Schulterher-ein nicht gebogen. Es läßt sich vom inneren seitwärtsweisenden Schenkel zur Seite schieben. Voraussetzung ist die korrekte Stellung. Auf der linken Hand wird das Pferd dazu nach rechts zur Bande gestellt und mit dem zurückgelegten rechten Schenkel dazu veranlaßt, mit seinem rechten Hinterfuß seitwärts unter seinen Körper zu treten. Hierbei wird der Schenkel im Takt antippend eingesetzt, um einzelne Impulse im Moment des abfußenden, gleichseitigen Hinterbeines zu geben.

Das Pferd wird maximal im 45-Grad-Winkel abgestellt. Die Stellung darf nicht mehr sein, als daß man das innere Auge des Pferdes gerade sehen kann, wobei der innere Zügel besonders leicht bleiben muß.

Das Pferd soll ja nicht seitwärts gehen, weil der Reiter seinen Kopf herumhinzieht, sondern weil es auf seinen treibenden Schenkel reagiert. Der äußere Schenkel sorgt in der Seitwärtsbewegung für das Vorwärtstreten des Pferdes und verhindert das Ausfallen der Hinterhand.

Es darf keinesfalls rückwärts ausweichen, sondern soll gleichmäßig vorwärts-seitwärts übertreten, also treibt der Reiter abwechselnd innen seitwärts, außen vorwärts. Oft resultiert die „schlechte Seite" eines Pferdes aus der deutlicheren Schiefe auf dieser Seite.

Wichtig ist deshalb, daß der Reiter bei Seitengängen darauf achtet, daß das Pferd auf beiden Händen gleichmäßig übertritt. Er sollte sich immer bemühen, die schlechtere Seite des Pferdes zu verbessern, um Fortschritte zu erzielen.

Allerdings darf hier nicht übertrieben werden, da man davon ausgehen kann, daß es dem Pferd wegen der natürlichen Schiefe körperlich teilweise nicht möglich ist, Lektionen sofort auf jeder Seite gleich auszuführen. Ein übertriebenes Üben auf der schlechten Seite würde nur seinen Widerwillen wecken und die Lektionsausführung noch verschlechtern.

Das Pferd würde sich zusätzlich zu den körperlichen Schwierigkeiten auf seiner schlechten Seite auch noch mental gegen die Lektion wehren, was schwieriger zu korrigieren ist als mangelnde Muskulatur. Es ist möglich, daß die „schlechte Seite" des Pferdes wechselt. Das ist absolut kein Problem, im Gegenteil ist es mir sogar lieber, da ich damit ausschließen kann, daß die schlechtere körperliche Elastizität auf einer Seite krankheitsbedingt ist.

Das korrekt gerittene Schulterherein festigt die Geraderichtung des Pferdes. Foto: C. Busch

Die Vorhand auf die Hinterhand einstellen

Zur Überprüfung der Geraderichtung sollte der Reiter auf der langen Seite in den Spiegel vor ihm an der kurzen Seite sehen. Meist kann er erkennen, daß die Hinterhand des Pferdes weiter in die Bahn ragt als die Vorhand.

Hieran erkennt er, daß das Pferd schief ist. Es fühlt sich an, als drücke die Schulter des Pferdes vor allem auf der rechten Hand (die meisten Pferde sind hier deutlicher schief) nach außen gegen die Bande.

Der Reiter führt Vorhand und Schulter des Pferdes einen Tritt weit in die Bahnmitte, um diese auf eine Linie mit

*Von vorne sollte sich das Pferd stets schnurgerade ohne ausweichende Hinterhand präsentieren.
Foto: C. Busch*

des Pferdes auf den zweiten Hufschlag. Besonders die Bahnecken eignen sich, um das Pferd immer wieder schultervor zu richten. Die Geraderichtung des Pferdes muß auch in Wendungen gezeigt werden.

In Volten und auf dem Zirkel wird das Pferd ebenfalls leicht schultervor gestellt, so daß die Hinterhand keinesfalls auf einem kleineren Radius fußt als die Vorhand. Erst dann ist die korrekte Biegung überhaupt möglich.

Die Hinterhand darf in Wendungen und Seitengängen nie vorausgehen. Speziell im Galopp fällt die mangelnde Geraderichtung in der Dressurreiterprüfung auf. Hier ist vor allem ein aktiver äußerer Reiterschenkel nötig, um die Schulter des Pferdes auf den zweiten Hufschlag zu richten. Die leichte Innenstellung im Galopp reicht bereits aus, um das Pferd innen genügend hohl zu machen.

Galoppieren auf dem zweiten Hufschlag bei gut anstehendem äußeren Zügel fördert das Geraderichten. Außerdem sollte in den Ecken und auf dem Zirkel schultervor galoppiert werden. Gerade im Mittelgalopp kann die Schiefe durch vermehrtes Schultervor in den vorausgehenden Ecken vermieden werden.

der Hinterhand zu bringen. Oft wird versucht, das Hereinführen der Pferdeschulter durch Ziehen am inneren Zügel zu erreichen. Dies führt jedoch nicht zum Ziel, da hierdurch nur der Hals des Pferdes nach innen kommt und nicht der Schulterbereich. Das Pferd fällt noch mehr aus.

Im Gegenteil sollte das Pferd weniger nach innen abgestellt werden und der äußere Zügel durch verwahrenden Druck auf den Pferdehals die Vorhand nach innen führen. Der äußere verwahrende Schenkel verhindert dabei das Ausfallen der Hinterhand in Richtung Bande und veranlaßt die Hinterbeine dazu, schmal abzufußen. Der innere Schenkel verhindert ein Ausweichen

IN HÖCHSTER VERSAMMLUNG

Bereits in der Dressurreiterprüfung der Klasse L wird der versammelte Trab und der versammelte Galopp gefordert. Versammlung bedeutet die vermehrte Gewichtsaufnahme des Pferdes mit der Hinterhand und die daraus resultierende Entlastung der Vorhand und relati-

In der Versammlung kommt die Hinterhand mehr zum Tragen. Hieraus entsteht eine höhere Aufrichtung.
Foto: C. Busch

ve Aufrichtung im Hals- und Genickbereich. Unausgebildete Pferde verteilen ihr Gewicht und das des Reiters auf Vor- und Hinterhand. Hierbei liegt zuviel Gewicht auf den nicht so kräftigen Vorderbeinen des Pferdes, was unweigerlich zu einem vermehrten Verschleiß führt.

Es ist also schon aus gesundheitlichen Gründen wichtig, das Pferd zu lehren, das Gewicht mehr auf die Hinterhand zu verlagern. Als angenehme Begleiterscheinung ergibt sich durch das Setzen und Winkeln der Hinterhand gleichzeitig vermehrte Schulterfreiheit, die dem Pferd ausdrucksvollere, raumgreifendere Bewegungen und eine verbesserte Aufrichtung ermöglicht.

Die Versammlung entsteht im Laufe der Ausbildung durch ein energischeres Herantreten der Hinterhand und nicht durch ein Langsamermachen des Pferdes mit den Zügeln, wie man es in Dressurprüfungen niedriger Leistungs-

klassen leider oft sehen kann. Die versammelten Tempi sind nach wie vor schwungvoll und fleißig.

Meiner Ansicht nach ist ein Hauptproblem, daß der Reiter erwartet, das Pferd bewege sich in der Versammlung plötzlich völlig anders. Die Versammlung entsteht aber im Laufe der Ausbildung ganz unmerklich und stück-

Die Aufrichtung des Pferdes soll stets nur soweit erfolgen, wie das Pferd noch über den Rücken geht.
Foto: C. Busch

chenweise. Für den geübten Ausbilder ist ein langsames Verbessern des Untertretens und das vermehrte Setzen des Pferdes erkennbar. Für den Laien vollzieht sich dieser Vorgang kaum sichtbar und er neigt daher dazu, vom Pferd mehr zu verlangen, als es derzeit in der Lage ist zu geben. Gleichzeitig mit dem vermehrtem Winkeln der Gelenke der Hinterhand (Hankenbiegung) entsteht die relative Aufrichtung, das heißr, das Pferd bewegt sich mehr bergauf und trägt sein Genick

Durch die Aufrichtung kommt das Pferd durch die verbesserte Schulterfreiheit zum Vortreten aus der Schulter. Foto: C. Busch

höher. Das Pferd lernt, nicht mehr remontenmäßig vorwärts-abwärts zu gehen, sondern sich in der Bewegung aufzurichten. Der Grad der Aufrichtung ist stets direkt von dem entsprechenden Setzen der Hinterhand abhängig. Eine erzwungene Aufrichtung mit Zügeln oder Hilfszügeln ist fehlerhaft und auf jeden Fall abzulehnen, da diese nur ein Wegdrücken des Pferderückens auslösen würde und damit das Untertreten und die Losgelassenheit nicht mehr gegeben wären.

Um das Pferd also mehr bergauf zu reiten, schiebt man es vermehrt vorwärts an die Hand heran. Wenn es energisch an das Gebiß herantritt, wird es seinen Kopf etwas höher nehmen. In diesem Moment wird nachgegeben. Sobald es wieder in die Tiefe sucht, wird wieder weich abgefangen, bis es lernt, seine Halsung in einer aufrechteren Position zu halten. Die Hüfte des Reiters schiebt dabei deutlich nach vorwärts-aufwärts. Der Reiter stellt sich vor, er könnte das Pferd mit der Hüfte bergauf reiten. Anfangs sind diese Sequenzen natürlich nur kurz abzuverlangen. Zwischendurch ist das Pferd immer wieder vorwärts-abwärts oder am langen Zügel zu reiten. Mit der Zeit gewöhnt sich das Pferd jedoch an die Haltung und kann immer länger und höher aufgerichtet werden. In der Dressurreiterprüfung wird die Einwirkung des Reiters in der Versammlung überprüft.

Schulterfreiheit in der Versammlung und Verstärkung

Sobald sich das Pferd mehr bergauf bewegt, bekommt es auch mehr Schulterfreiheit. Durch den neu entstandenen Winkel der Schulter wird die Vorderbeinaktion des Pferdes stark verbessert. Jetzt ist es in der Lage, ausdrucksvolle Versammlung und Verstärkung zu zeigen.

Diese Schulterfreiheit ist zwar einerseits abhängig von der Veranlagung des Pferdes, andererseits kann die Schulterfreiheit auch bei einem weniger talentierten Pferd durch die korrekte Einwirkung gefördert werden.

In diesem Maß ist die korrekt gezeigte Versammlung Prüfungskriterium der Dressurreiterprüfung. Das Pferd muß sich korrekt bergauf bewegen. Wieviel Gang dabei herauskommt, ist nebensächlich.

Die Aufrichtung spielt auch eine wichtige Rolle bei den Verstärkungen des Pferdes. So lange es nicht gelernt hat, seinen Hals zu tragen, wird es auch immer dazu neigen, beim Tritte- und Sprüngeverlängern auf die Vorhand zu fallen.

Aus der korrekten Versammlung heraus, bei der das Pferd deutlich untertritt und seinen Hals aufgerichtet hat, können auch korrekte Verstärkungen bergauf geritten werden. Diese zeigen wesentlich mehr Raumgriff, unabhängig vom Gangvermögen.

Bevor im Trab oder im Galopp zugelegt wird, sollte die Hinterhand vermehrt unter das Pferd geholt werden (zum Beispiel durch einige versammelte Tritte). Dann wird die Aufrichtung des Pferdes mit beiden Zügel fixiert und energisch mit der Hüfte vorwärts geschoben. Die Aufrichtung bleibt dabei erhalten, die Halsung des Pferdes wird aber verlängert. Durch das Vorschieben an die Hand dehnt sich das Pferd mehr im Hals nach vorne und es entsteht die gewünschte Rahmenerweiterung. Die Aufrichtung des Pferdes

Das Pferd galoppiert in der Versammlung deutlich bergauf. Der Pferdehals richtet sich vor der Reiterin auf. Foto: C. Busch

darf immer nur soweit erfolgen, wie das Pferd seinen Rücken dabei noch hergibt. Manche Pferde richten sich zu stark auf und drücken dabei den Rücken weg, hier ist das Pferd wieder etwas tiefer einzustellen.

Aufrichtung ist nicht so hoch wie möglich zu erzielen, sondern immer nur soweit, wie der Rücken noch mitschwingt. Und nach wie vor muß das Pferd auch immer wieder vorwärtsabwärts oder am langen Zügel geritten werden.

HUFSCHLAG-FIGUREN KLASSE E BIS L

Ein weiteres Prüfungskriterium der Dressurreiterprüfung ist die korrekte Vorbereitung und Ausführung von Hufschlagfiguren. In den „normalen" Dressurprüfungen wird hier oft geschlampt, was sich meist aber nicht so deutlich in der Benotung ausdrücken läßt. Anders in der Dressurreiterprüfung. Hier wird die korrekte Ausführung der Bahnfiguren streng beachtet, denn schließlich ist das korrekte Einhalten der Figuren abhängig von der Einwirkung des Reiters. Im Dressurreiterwettbewerb Klasse E wird auf Anweisung der Richter im Dressurviereck geritten. Die Teilnehmer sollen entweder einzeln oder in der Abteilung Hufschlagfiguren und Grundgangarten zeigen. Da es sich um einen Wettbewerb und keine Prüfung handelt, soll hier mehr die Atmosphäre einer Reitstunde herrschen, und die Richter geben den Reitschülern auch entsprechend Hinweise für ihr reiterliches Weiterkommen. Eine Benotung wie in der höheren Dressurprüfung soll hier noch vermieden werden, da ja meist Kinder an dieser Prüfung teilnehmen. In den Dressurreiterprüfungen der Klassen A und L werden vorgebene Aufgaben aus dem Aufgabenbuch der FN geritten. Ein Beispiel für Dressurreiterprüfungen der Klassen A und L sehen Sie auf den folgenden Seiten. Die Lektionen sind so ausgearbeitet, daß vor allem die reiterliche Einwirkung von den Richtern überprüft werden kann.

DIE ECKEN TIEF AUSREITEN

Das korrekte Biegen und Geraderichten des Pferdes in jeder Ecke sollte nicht eine lästige Pflicht darstellen,

Wie in allen Wendungen sollen auch in der Volte die Hinterbeine in die Abdrücke der Vorderbeine fußen.
Foto: C. Busch

AUFGABE RA 1

Dauer: 3 Minuten

A-X	Einreiten im Arbeitstrab. Im Mittelpunkt Halten und Grüßen.
X	Im Arbeitstempo antraben.
C	Rechte Hand.
B	Mitte der langen Seite halbe Volte rechts (10 m).
X	Im Mittelpunkt eine Pferdelänge geradeaus.
X	Danach halbe Volte links (10 m).
A	Mitte der kurzen Seite Mittelschritt.
F-E	Durch die halbe Bahn wechseln.
E	Bei Erreichen des Hufschlags im Arbeitstempo antraben.
C	Mitte der kurzen Seite im Arbeitstempo angaloppieren.
B	Mitte der langen Seite auf dem Mittelzirkel geritten (1mal herum), dabei (zwischen E und B) 2 – 3 Pferdelängen überstreichen.
B	Ganze Bahn.
F	Am Wechselpunkt Arbeitstrab.
K-X-M	Durch die ganze Bahn wechseln, dabei Tritte verlängern.
M	Am Wechselpunkt Arbeitstrab.
C	Mitte der kurzen Seite im Arbeitstempo angaloppieren und auf dem Zirkel geritten (1mal herum). An der offenen Zirkelseite die Galoppsprünge verlängern.
C	Mitte der kurzen Seite Arbeitstrab.
E	Mitte der langen Seite auf dem Zirkel geritten (1mal herum), dabei leichttraben und die Zügel aus der Hand kauen lassen.
Vor E	Aussitzen, Zügel wieder aufnehmen und ganze Bahn.
A	Auf die Mittellinie abwenden.
G	Halten, Grüßen. Im Mittelschritt anreiten. Zügel aus der Hand kauen lassen. Am langen Zügel die Bahn verlassen.

AUFGABE RA 2

Dauer: 3 Minuten

A-X	Einreiten im Arbeitstrab. Im Mittelpunkt Halten und Grüßen.
X	Im Arbeitstempo antraben.
C	Linke Hand.
A-C	Schlangenlinie durch die Bahn, 3 Bogen, beim Durchreiten der Mittellinie jeweils Übergang zum Mittelschritt, nach 3-5 Schritten wieder im Arbeitstempo antraben.
H-X-F	Durch die ganze Bahn wechseln, dabei Tritte verlängern.
F	Am Wechselpunkt Arbeitstrab.
A	Mitte der kuzen Seite im Arbeitstempo ausgaloppieren und auf dem Zirkel geritten. An der offenen Zirkelseite überstreichen.
A	Ganze Bahn.
K-H	An der langen Seite Galoppsprünge verlängern.
H	Vor der kurzen Seite Arbeitsgalopp.
C	Mitte der kurzen Seite auf dem Zirkel geritten (1/2mal herum).
X	Aus dem Zirkel wechseln mit Galoppwechsel über Arbeitstrab im Mittelpunkt.
A	Auf dem Zirkel geritten (1mal herum), an der offenen Zirkelseite 2 – 3 Pferdelängen überstreichen.
A	Mitte der kurzen Seite Arbeitstrab, ganze Bahn.
B	Mitte der langen Seite Mittelschritt.
C	Mitte der kurzen Seite halten, eine Pferdelänge rückwärts richten, daraus im Arbeitstempo antraben.
E	Mitte der langen Seite linksum.
X	Im Mittelpunkt linksum.
G	Vor den Richtern halten, Grüßen. Im Mittelschritt anreiten. Zügel aus der Hand kauen lassen. Am langen Zügel die Bahn verlassen.

AUFGABE RL 1

Dauer: 3 1/2 Minuten

A-X	Einreiten im Arbeitstrab.
X	Halten und Grüßen.
X	Im Arbeitstempo antraben.
C	Rechte Hand.
B	Volte (10 m), dabei 1 Pferdelänge mit der inneren Hand überstreichen.
K-X-M	Im Mitteltrab durch die ganze Bahn wechseln.
M	Versammelter Trab.
C	Halten, eine Pferdelänge rückwärts richten, daraus im Mittelschritt anreiten.
H-B	Durch die halbe Bahn wechseln.
F	Im versammelten Tempo rechts angaloppieren.
K-H	Mittelgalopp.
H	Versammelter Galopp.
B	Halbe Volte rechts (10 m).
X	Eine Pferdelänge geradeaus und einfacher Galoppwechsel. Danach halbe Volte links (10 m).
F-E	Durch die halbe Bahn wechseln ohne Galoppwechsel.
C	Mittelschritt.
Zwischen M und B	Kurzkehrt, danach im versammelten Tempo antraben.
E	Linksum.
X	Linksum.
G	Halten, Grüßen. Im Mittelschritt anreiten. Zügel aus der Hand kauen lassen. Am langen Zügel die Bahn verlassen.

AUFGABE RL 1

Dauer: 3 1/2 Minuten

A-X	Einreiten im Arbeitstrab.
X	Halten und Grüßen.
X	Im Arbeitstempo antraben.
C	Linke Hand.
E	Halbe Volte links (10 m).
X	Halbe Volte rechts (10 m).
K-X-M	Im Mitteltrab durch die ganze Bahn wechseln.
M	Versammelter Trab.
Nach C	Kurzkehrt, danach Mittelschritt.
B	Rechtsum.
X	Im versammelten Tempo links angaloppieren.
E	Linke Hand.
F-M	Mittelgalopp.
M	Versammelter Galopp.
H-B	Durch die halbe Bahn wechseln, ohne Galoppwechsel.
E	Einfacher Galoppwechsel.
F	Aus der nächsten Ecke kehrt ohne Galoppwechsel.
C	Arbeitstrab.
E-B-E	Auf dem Mittelzirkel geritten (1mal herum), dabei Zügel aus der Hand kauen lassen.
Vor E	Zügel wieder aufnehmen und ganze Bahn.
A	Auf die Mittellinie abwenden.
G	Halten, Grüßen. Im Mittelschritt anreiten. Zügel aus der Hand kauen lassen. Am langen Zügel die Bahn verlassen.

sondern dem Reiter helfen, das Pferd auf die nächste Lektion vorzubereiten, da er in der Ecke deutlich die Haltung des Pferdes verbessern kann.

Aus diesem Grunde wird das Eckenausreiten als Basis des Reitens im Viereck in der Dressurreiterprüfung besonders gewichtet. Hierzu ist es wichtig, daß der Reiter das Pferd nicht mit den Zügeln tief in die Ecke zu lenken versucht, sondern es bereits vor der Ecke korrekt stellt und dann mit dem inneren Schenkel in die Ecke treibt.

In der Ecke wird der innere Zügel dann nachgegeben. Hierdurch ergibt sich Längsbiegung in der Wirbelsäule des Pferdes. Die Ecke sollte einer Viertelvolte mit zehn Metern Durchmesser entsprechen.

Zur Vorbereitung wird das Pferd rund drei Meter vor der Ecke bereits vermehrt nach innen gestellt. Oft wird die Vorhand des Pferdes vom Reiter zu tief in die Ecke geführt, was unweigerlich ein Schiefwerden des Pferdes nach sich zieht. Die Geraderichtung des Pferdes muß auch in der Ecke beachtet werden.

DURCH DIE BAHN WECHSELN

Das Ausreiten der Ecken ist Voraussetzung für das geradegerichtete Abwenden, um durch die ganze oder halbe Bahn zu wechseln. Wenn die Schulter des Pferdes den Wechselpunkt erreicht, wendet der Reiter das bereits nach innen abgestellte Pferd durch Druck des äußeren zurückgelegten Schenkels von der Bande ab.

Auf der Wechsellinie wird es dann zwischen Zügel und Schenkel gerade nach vorne geritten, so daß es gleichmäßig an beide Zügel herantritt. Das Ausweichen der Hinterhand ist mit den Schenkeln zu verhindern. Erst am Wechselpunkt der gegenüberliegenden Seite erfolgt das Umstellen auf die neue Hand.

Beim Wechseln durch die Bahn ist in jeder Gangart darauf zu achten, daß das Pferd völlig gerade bleibt. Foto: C. Busch

Auf dem Zirkel wird das Pferd gleichmäßig nach innen abgestellt, ohne den inneren Zügel festzuhalten.
Foto: C. Busch

Ein verfrühtes Umstellen vor dem Punkt hat meist ein Ausfallen der Hinterhand und damit schiefes und zu frühes Ankommen am Punkt zur Folge. Das Pferd erreicht den Wechselpunkt mit der Schulter.

AUF DEM ZIRKEL GERITTEN

Hierbei wird auf die kontinuierliche Längsbiegung des Pferdes auf der Zirkellinie geachtet. Oft ist kaum ein Unterschied zwischen Zirkel und ganzer Bahn zu erkennen. Die Zirkellinie darf den Hufschlag lediglich an den beiden Zirkelpunkten (runde Punkte zehn Meter nach der Ecke) und Mitte der kurzen Seite eine Pferdelänge lang berühren. Der Kreis ergibt sich durch die gleichmäßige Innenstellung und

-biegung des Pferdes. Die korrekte Schenkellage – innerer Schenkel biegend am Gurt; äußerer Schenkel verwahrend hinter dem Gurt – hält das Pferd auf der Zirkellinie.

An der offenen Zirkelseite wird der äußere Schenkel aktiver, um die Bande zu ersetzen und die Hinterhand des Pferdes auf der Linie zu halten. Ein übermäßiges Abstellen des Pferdes mit dem inneren Zügel ist zu vermeiden.

AUS DEM ZIRKEL WECHSELN

Kurz vor Erreichen des Mittelpunktes der Bahn stellt der Reiter sein Pferd gerade, reitet über X eine Pferdelänge geradeaus und leitet mit seinem neuen inneren Schenkel die Biegung auf die andere Seite ein. Ein Herumziehen des

Pferdekopfes ist fehlerhaft. Das Umstellen soll möglichst fließend und harmonisch vor sich gehen.

DURCH DEN ZIRKEL WECHSELN

Am Zirkelpunkt vor der offenen Seite wird zu einer halben Zehnmetervolte abgewendet. In der Mitte des Zirkels stellt der Reiter sein Pferd um und reitet ebenfalls eine halbe Zehnmetervolte zum gegenüberliegenden Zirkelpunkt. Hierbei ist besonders auf die Ausführung der halben Volten zu achten. Das Umstellen und Biegen soll vom neuen inneren Schenkel eingeleitet werden. Durch das Hohlmachen zur neuen inneren Seite führt das Pferd die Wendung willig aus, ohne sich gegen die mitgehende Reiterhand zu wehren. Das Wechseln durch den Zirkel sollte zuerst im Schritt geübt werden.

EINFACHE SCHLANGENLINIE

Die einfache Schlangenlinie wird an einer langen Seite von Wechselpunkt zu Wechselpunkt mit fünf Metern Abstand an der entferntesten Stelle vom Hufschlag geritten. Durch das vorausgehende korrekte Ausreiten der Ecke wird das Pferd bereits vorbereitet und nach innen hohl gemacht. Am Wechselpunkt erfolgt dann das Abwenden des Pferdes mit den äußeren Hilfen. Kurz nach dem Abwenden wird das Pferd umgestellt und durch das Umlegen der Schenkel in die andere Richtung gebogen. Ein Lenken des Pferdes mit den Zügeln ohne Biegung

ist falsch. Kurz vor Erreichen des zweiten Wechselpunktes wird das Pferd erneut durch das Umlegen der Schenkel in die ursprüngliche Richtung gebogen. Die äußeren Hilfen sorgen jeweils dafür, daß das Pferd nicht ausfällt, sondern die Hinterhufe gerade in die Spur der Vorderhufe fußen. Durch das Umlegen der Schenkel in der Biegung wird bei korrektem Sitz automatisch der innere Gesäßknochen mehr belastet. Das Umstellen mit den Zügeln soll so dezent erfolgen, daß das Pferd keine Taktfehler zeigt.

Im Galopp auf dem Zirkel fußen die Hinterbeine des Pferdes bei korrekter Biegung und Geraderichtung in die Abdrücke der Vorderbeine.
Foto: C. Busch

In den Schlangen-linien ist darauf zu achten, daß sich das Pferd im Gleichgewicht befindet und nicht auf die innere Seite fällt. Foto: C. Busch

DOPPELTE SCHLANGENLINIE

Diese wird eigentlich erst im L-Bereich verlangt, da sie aus dem versammelten Tempo zu reiten ist.

Die Hilfengebung ist der der einfachen Schlangenlinie entsprechend. Allerdings werden zwei flachere Bogen (maximale Entfernung vom Hufschlag 2,5 Meter) verlangt. Das unmittelbar nacheinander folgende Umstellen und -biegen des Pferdes bedarf einer besonders geschmeidigen Einwirkung des Reiters. Die Schlangenlinie entsteht durch das abwechselnde Hohlmachen des Pferdes nach rechts und links.

Fehlerhaft ist hierbei vor allem das extreme Einwirken mit den Zügeln. Hierdurch wird das Pferd nur mit dem Hals- und Kopfbereich in die Schlangenlinie gelenkt, der Rumpf und die Hinterhand fallen jedoch aus. Durch halbe Paraden wird die Haltung des Pferdes erhalten. Zur Übung können auf einer größeren Fläche (zum Beispiel auf einer Wiese) die Bogen ohne Bandenbegrenzung aneinander gereiht werden und kann darauf geachtet werden, die Bogen nur mit der Schenkeleinwirkung auszulösen.

SCHLANGENLINIEN DURCH DIE GANZE BAHN

Je nach Anzahl der Bogen werden diese symmetrisch auf die Bahn verteilt. Das erste Abwenden vom Hufschlag sowie das Ankommen zählen bereits als Bogen.

Bei drei Bogen auf dem zwanzig mal vierzig Meter Viereck beginnt der erste Bogen zwei bis drei Meter nach dem ersten Zirkelpunkt. Der zweite hat seinen höchsten Punkt genau Mitte der gegenüberliegenden langen Seite. Bei vier Bogen wird jeweils ein Bogen vor und ein Bogen nach dem Zirkelpunkt geritten. Die Halbe-Bahn-Linie teilt den zweiten und dritten Bogen. Das Abwenden zu den Bogen erfolgt jeweils wie eine halbe Volte. Danach wird das Pferd geradegerichtet und über der Mittellinie bereits mit dem neuen inneren Schenkel hohl gemacht und dann umgestellt.

Die Schwierigkeit besteht darin, daß das Pferd auf der geraden Linie zwischen den Bogen umgestellt werden soll, ohne mit der Hinterhand auszuweichen oder die gerade Linie zu verlassen. Die Hilfen des Reiters müssen deshalb exakt gegeben werden, um das Pferd einzurahmen. Das Lenken des Pferdes mit den Zügeln ist fehlerhaft und wird immer eine schwankende und ausweichende Hinterhand zur Folge haben.

FLIESSENDE ÜBERGÄNGE

Eines der wichtigsten Kriterien in allen Dressurprüfungen ist das Reiten von Übergängen, da sich hierbei die feine und korrekte Einwirkung des Reiters zeigt.

DURCHPARIEREN

Beim Durchparieren muß darauf geachtet werden, daß das Pferd nicht mit den Zügeln gebremst wird, sondern durch halbe Paraden zum Halten

Unmittelbar vor dem Halten bleibt das Pferd aufgerichtet, und die Reiterin wirkt mit gestrecktem Sitz auf den Rücken den Pferdes ein.
Foto: C. Busch

kommt. Allein das Strecken des Oberkörpers und Stillhalten der Hüfte des Reiters bei geschlossenen Schenkeln veranlaßt ein gut gerittenes Pferd, sich aufzunehmen oder zum Halten zu kommen.

Die Zügel müssen unmittelbar nach dem Halten nachgegeben werden, um dem Pferd das Fallenlassen des Halses zu ermöglichen. Wenn das Pferd sich während des Durchparierens von der Anlehnung freimacht, sollte der Reiter im Training das Halten nur andeuten und sofort wieder mit vortreibenden Hilfen weiterreiten; dabei achtet er auf das gleichmäßige Durchstellen des Pferdes. Bevor durchpariert wird, muß das Pferd leicht an den Hilfen stehen.

Im Halten bleibt der Reiter mit Kreuz und Schenkeln am Pferd, um die Vorwärtstendenz zu erhalten.
Foto: C. Busch

Im Halten bleibt er noch so lange mit den Hilfen dran, bis sich das Pferd entspannt und losläßt. Er darf dabei jedoch nicht an den Zügeln ziehen, sondern diese bei vortreibenden Hilfen nur verwahren.

Nimmt das Pferd dann seinen Kopf noch mehr nach oben, werden die Zügel ein klein wenig verkürzt. Dehnt sich das Pferd abwärts, werden die Zügel proportional zum Tiefernehmen des Halses nachgegeben, und das Pferd wird gelobt.

Durch diese Methode lernt es, daß die Anlehnung stets angenehmer wird, wenn es sein Genick tiefer nimmt bis zur korrekten Anlehnung. Aber es ist auch darauf zu achten, daß das Pferd im Halten nicht zu tief und eng eingestellt wird.

Der Hals soll nach vorne entspannt sein und das Pferdemaul darf nicht tiefer kommen als auf Buggelenkshöhe. Oft entzieht sich das Pferd der Anlehnung im Halten, weil es in eine unangenehme, enge Haltung gezwungen wird. Dies darf auf keinen Fall geschehen.

GESCHLOSSENES STEHEN

Das geschlossene Stehen wird durch das Untertreten des Pferdes im Moment der ganzen Parade und das gleichzeitige Nachtreiben des Reiters erreicht.

Eine spätere Korrektur mit der Gerte, um einzelne Beine des Pferdes nachtreten zu lassen, kann anfangs hilfsweise benutzt werden, um dem Pferd zu vermitteln, was von ihm verlangt wird. Wenn das Schließen der Beine allerdings ausschließlich mit der Gerte erreicht wird, ist dies falsch, da das

Das Pferd trägt sich korrekt im Halten. Die Hinterbeine nehmen genügend Last auf. Foto: A. Busch

Pferd hierdurch nur nervös wird und Schwierigkeiten mit dem ruhigen Stehen macht. Außerdem ist ein mechanisches Schließen der Beine kein Ersatz für das korrekte Untertreten und Lastaufnehmen der Hinterhand im Moment des Haltens.

Um die Hinterbeine des Pferdes unter den Schwerpunkt zu holen, muß der Reiter das Pferd vor der Parade zum Halten vermehrt aufnehmen und die Hinterhand bereits jetzt mehr heranholen. Es empfiehlt sich, das Tempo kurz vor dem Halten bis zur Versammlung aufzunehmen, um ein Bremsen auf der Vorhand zu verhindern.

Während des Haltens sorgt der Reiter mit ruhig anstehenden Zügeln für das Tragen des Pferdekopfes. Durch die Aufrichtung im Halten kann das Pferd mehr untertreten und

gesetzter zum Halten kommen. Der Reiter muß während des Haltens durch vortreibende Hilfen die Hinterbeine anregen, noch einen Tritt weiter vorzutreten und sich auszubalancieren. Die Hüfte des Reiters muß die untertretenden Hinterbeine vorlassen, das heißt, man spürt, wie zuerst das eine, dann das andere Hinterbein unter den Schwerpunkt tritt und dabei die Hüfte leicht nach vorne geschoben wird.

Zur Übung läßt der Reiter das Pferd jeweils im Halten mit der Hinterhand noch einmal vortreten. Nur wenn es die Schenkelhilfen hierbei nicht annimmt, unterstützt der Reiter die Hilfen kurzzeitig mit Gerte oder Sporen.

Eine Korrektur der Beinstellung kann auch von einem Helfer vom

AUS DEM GALOPP

Der Übergang vom Galopp zum Schritt ist etwas schwieriger, da hierbei die Gefahr besteht, daß das Pferd, wenn es noch nicht gesetzt genug galoppiert, beim Übergang stark auf die Vorhand kommt.

Hierzu ist das verkürzte beziehungsweise versammelte Galoppieren Voraussetzung. Erst wenn das Pferd sich im Galopp auf der Hinterhand trägt, kann es auch gesetzt vom Galopp zum Schritt durchparieren.

Der Reiter bereitet das Pferd durch mehrere halbe Paraden auf den Übergang vor und stellt sich vor, den Galopp fast auf der Stelle zu reiten. Er hält das Pferd dabei gut bergauf. Dann läßt er die Schenkel geschlossen, geht in der Hüfte nicht mehr mit nach vorne und hält kurz die Zügelfäuste ruhig.

Im Übergang muß der Reiter darauf achten, das Pferd nicht zu eng im Hals zu machen, da es sich dadurch nicht mehr ausbalancieren kann und sich auf die Hand legen wird. Der Übergang sollte keinesfalls stockend sein.

Danach muß der Reiter durch seine im Takt vortreibenden Hilfen dafür sorgen, daß das Pferd im losgelassenen Mittelschritt zum Schreiten kommt.

Das Einhalten des Taktes im Schritt zwischen den Galoppreprisen wird besonders beachtet, da hier die Einwirkung des Reiters wichtig ist.

Die nächste Lektion oder das erneute Angaloppieren sollte im Training auf keinen Fall begonnen werden, bevor das Pferd klaren Schritt geht. Zu Beginn sollte der Reiter lieber einen etwas auslaufenden Übergang in Kauf nehmen, als zuviel mit der Hand einzuwirken. Hierdurch wird das Pferd

Während des gesamten Durchparierens bis zum Halten bleibt das Pferd in der Aufrichtung, ohne auf die Hand zu drücken.
Foto: C. Busch

Boden aus vorgenommen werden. Der tickt das zurückstehende Hinterbein kurz an. Das Pferd wird sofort gelobt, wenn es reagiert. Hierbei ist es nicht wichtig, daß das Pferd das Hinterbein genau auf Höhe des anderen Beines stellt, sondern nur, daß es vortritt.

Eine Korrektur mit der Gerte sollte auch jeweils nur einmal vorgenommen werden, um das Pferd nicht zu verunsichern.

Das korrekte Schließen kommt mit der verbesserten Balance von allein. Bei Übergängen zum Schritt und Trab ist darauf zu achten, daß das Pferd keine Taktfehler macht, weil die Einwirkung zu stark war. Man sollte immer mit möglichst feinen Hilfen auskommen.

wesentlich schneller lernen. Wenn es gesetzt und ausbalanciert vom Galopp zum Schritt durchpariert, kann der Reiter mit Übergängen zum Halten beginnen.

Hier sind die Hilfen dieselben. In der L-Dressur wird auch beim Halten Aufrichtung verlangt. Der Reiter sollte deshalb wie während des Galopps mit abfedernden Zügelhilfen dafür sorgen, daß sich das Pferd nicht auf die Hand legt und tief kommt.

Ein Bremsen des Pferdes mit dem Zügel, vor allem mit dem Kandarenzügel, ist auf jeden Fall zu vermeiden, weil dies lediglich zu einem abrupten Stoppen auf der Vorhand führt und den Widerstand des Pferdes gegen den Übergang forciert.

ANREITEN, ANTRABEN, ANGALOPPIEREN

Die Übergänge zur höheren Gangart sind wesentlich einfacher auszuführen. In der Prüfung wird auf möglichst dezente Hilfengebung Wert gelegt. Zum Anreiten ist es wichtig, das Pferd sensibel auf die vortreibenden Hilfen einzustellen.

Es sollte immer nur eine unmerkliche leichte Hilfe gegeben werden. Nimmt das Pferd diese nicht sofort an, wird energischer nachkorrigiert, das heißt, der Schenkel wird deutlicher zugemacht oder auch einmal die Sporen oder die Gerte eingesetzt. Dies darf allerdings nur zur Korrektur geschehen. Unmittelbar im Anschluß an die Korrektur wird wieder eine besonders leichte Hilfe gegeben.

Bei dauerhaft eingesetzten energischen Hilfen gewöhnt sich das Pferd an

diese und stumpft ab. Wenn das Pferd gelernt hat, bereits auf leichteste Hilfen zu reagieren, kann der Reiter mit fast unsichtbaren Hilfen das Tempo des Pferdes verändern.

Besonders beim Angaloppieren muß auf eine exakte Ausführung des Pferdes geachtet werden, da einerseits der Galopp des Pferdes hierdurch verbessert wird und es andererseits ideal auf versammelten Galopp, Außengalopp und die fliegenden Galoppwechsel vorbereitet wird, bei denen ein promptes und sensibles Achten auf die Hilfen besonders wichtig ist.

Bereits bei leichtem Schließen des Schenkels soll das Pferd willig, gerade und vom Fleck antreten.
Foto: C. Busch

KORREKTE AUSFÜHRUNG DER  LEKTIONEN KLASSE A UND L

Bei der Vorhandwendung ist darauf zu achten, daß diese durch den treibenden inneren Schenkel und nicht durch den Zügel ausgelöst wird. Der verwahrende äußere Schenkel fängt die Bewegung ab.
Foto: C. Busch

VORHANDWENDUNG

Die Vorhandwendung wird im Dressurreiterwettbewerb geprüft und ab und zu verlangt, wenn eine Prüfung paarweise geritten wird. Einer der Reiter führt dann eine Vorhandwende nach dem Gruß aus. Diese darf zwar nicht in die Bewertung miteinfließen, macht aber bei Mißlingen schon einen schlechten Eindruck, was nicht sein muß. Bei der Vorhandwendung treten die Hinterbeine des Pferdes um den dicht neben dem inneren Vorderbein liegenden Drehpunkt. Das Pferd wird hierbei um 180 Grad gewendet.

Zur Einleitung der Lektion sollte der Reiter in der Reithalle auf dem zweiten Hufschlag zum Halten kommen, da das Pferd sonst bei der Wendung mit dem Kopf an die Bande stößt.

Das Pferd wird mit dem inneren Zügel gestellt. Der äußere Zügel wirkt verwahrend und verhindert zuviel Abstellung. Der innere Schenkel wirkt eine Handbreit hinter dem Gurt seitwärtstreibend ein. Der äußere Schenkel liegt verwahrend hinter dem Gurt. Er fängt die Seitwärtsbewegung des Pferdes nach jedem zweiten Tritt ab und verhindert ein Herumeilen und Ausfallen der Hinterhand. Durch den seitwärtstreibenden Schenkel soll das Pferd mit dem inneren Hinterbein seitlich vor und über das äußere Hinterbein treten.

Wenn das Pferd nicht unmittelbar auf die Hilfe reagiert, versuchen manche Reiter, die Seitwärtsbewegung durch vermehrtes Stellen einzuleiten. Dies veranlaßt aber das Pferd dazu, mit der Hinterhand auszuweichen, wodurch die Lektion mißlingt. Zur Korrektur im Training ist dann eine energischere Einwirkung mit dem seitwärtstreibenden Schenkel nötig. Danach werden die Hilfen sofort wieder dezenter gegeben.

Wenn das Pferd zur Seite tritt, sollte die Seitwärtsbewegung nach jedem zweiten Tritt mit dem äußeren Schenkel abgefangen werden und nach einem Moment erneut mit dem inneren Schenkel eingeleitet werden. Mit den Zügeln sorgt der Reiter für die korrekte und elastische Anlehnung während der Wende. Die Stellung muß erhalten bleiben. Gleichzeitig verhindert der Reiter mit dem Zügel, daß das Pferd vortritt, sowie durch Nachgeben und vortreibende Hilfen das Ausweichen nach hinten.

VIERECK VERKLEINERN UND VERGRÖSSERN

Das Schenkelweichen ist eine Bewegung nach vorn und seitwärts, bei der das Pferd maximal 45 Grad vom Hufschlag abgestellt wird. Bevor mit dem Viereckverkleinern und -vergrößern begonnen wird, muß das Schenkelweichen an der langen Seite erlernt werden. Geprüft wird auf dem Turnier allerdings nur die fortführende Form des Viereckverkleinerns und -vergrößerns. Das Pferd wird mit dem seitwärtstreibenden inneren Schenkel, der eine Handbreit hinter dem Sattelgurt liegt, im Schrittakt zur Seite getrieben. Der äußere Schenkel liegt ebenfalls eine Handbreit hinter dem Gurt, wirkt aber verwahrend. Das heißt, er verhindert einerseits, daß das Pferd mit der Hinterhand ausweicht, andererseits wirkt er aktiv (am Gurt), wenn das Pferd die Vorwärtstendenz verliert.

Das Reitergewicht wirkt einseitig innen belastend, was sich aber automatisch durch die Schenkellage ergibt. Die Zügelhilfen stellen das Pferd leicht zur Seite des seitwärtstreibenden Schenkels. Der äußere Zügel verhindert dabei eine übertriebene Abstellung, die oft fälschlicherweise benutzt wird, um die Seitwärtsbewegung einzuleiten.

Stattdessen muß das Durchkommen des seitwärtstreibenden Schenkels verbessert werden. Die Schenkelhilfen werden zuerst leicht, bei Nichtreagieren aber energisch, im Takt der abfußenden Hinterbeine des Pferdes gegeben. Ein konstant am Pferdekörper drückender Schenkel wird nicht das gewünschte Seitwärtstreten auslösen. Der Reiter gibt dem Pferd kurze Impulse im Takt des Abfußens. Die Intensität ist abhängig von der Umsetzung des Pferdes.

Bei Pferden, die eilig seitwärts oder vorwärts stürmen, kann als Übungslektion während des Schenkelweichens zum Halten durchpariert werden. Das Pferd bleibt dabei abgestellt wie in der

1

2

Beim Viereck verkleinern und vergrößern bleibt das Pferd parallel zur langen Seite. Die Vorhand sollte lediglich einen Schritt vorausgehen. Hier ist darauf zu achten, daß das Pferd nicht zuviel abgestellt wird. Die Vorder- und Hinterbeine sollen kreuzen.
Fotos: C. Busch

Seitwärtsbewegung. Es soll abkauen. Beim Viereckverkleinern und -vergrößern wird das Pferd parallel zur langen Seite vorwärts-seitwärts geritten. Es soll dabei gleichmäßig übertreten und stets mit der Vorhand voraus bleiben.

Es kann hier vor allem geprüft werden, ob der Reiter in der Lage ist, seine Hilfen gleichzeitig einzusetzen und aufeinander abzustimmen.

Das Viereckverkleinern beginnt am ersten Wechselpunkt der langen Seite. Der Reiter treibt vorbereitend die Hinterhand des Pferdes tief in die Ecke und stellt das Pferd danach nach außen.

Dann nimmt er den der Bande zugewandten Schenkel hinter den Gurt und treibt das Pferd zur Seite. Der äußere Zügel führt das Pferd in Richtung Bahnmitte und sorgt dabei für das Vorausgehen der Vorhand. Der innere Zügel sorgt elastisch für die Stellung. Er darf keinesfalls starr festgehalten werden.

Bei Erreichen der Viertellinie (fünf Meter vom Hufschlag entfernt) wird drei Schritte geradeaus geritten. Es ist wichtig, daß das Pferd hierbei im klaren Takt frei nach vorne schreitet.

Danach wird es zur anderen Seite gestellt und seitenverkehrt in Richtung auf den zweiten Wechselpunkt der langen Seite vorwärts-seitwärts getrieben.

Zur Übung ist es sinnvoll, anfangs die beiden Teile der Lektion separat zu üben. Der Reiter kann hierzu schenkelweichend durch die ganze Bahn wechseln. Er hat dann mehr Zeit, sich auf die Seitwärtsbewegung einzustellen.

3

4

5

6

Das Pferd tritt diagonal zurück. Es bleibt dabei in der Anlehnung und über den Rücken. Foto: C. Busch

RÜCKWÄRTSRICHTEN

Beim Rückwärtsrichten tritt das Pferd im Zweitakt wie im Trab zurück. Deshalb spricht man von Tritten, nicht von Schritten. Nur wenn das Pferd losgelassen und mit entspanntem Rücken zurücktritt, ist die Schrittfolge klar und hebt das Pferd willig in der Anlehnung die Beine vom Boden ab, anstatt sie durch den Sand zu schleifen.

Im A-Bereich wird eine Pferdelänge Rückwärtsrichten verlangt. Das sind drei bis vier Tritte. Danach wird das Pferd entweder durch vortreibende Hilfen wieder im Schritt angeritten oder zum Halten durchpariert.

Beim Halten ist der letzte Tritt nur noch ein halber (der aber mitgezählt wird), um das Pferd wieder geschlossen zum Stehen zu bringen. Zur Einleitung des Rückwärtsrichtens ist es unerläßlich, daß das Pferd durchs Genick losgelassen auf allen vier Beinen steht.

Der Reiter sollte nach einem kurzen ruhigen Stehen das Rückwärtsrichten einleiten. Ein bereits vor den Hilfen des Reiters zurückweichendes Pferd muß im Training erst im Halten korrigiert werden. Um das Pferd zum Zurückgehen anzuregen, gibt der Reiter die Hilfen wie zum Anreiten. Sobald er einen Vorwärtsimpuls des Pferdes spürt, leitet er diesen durch Stehenlassen der Zügelfäuste nach hinten um. Während des Rückwärtsrichtens entlastet er den Druck der Gesäßknochen durch Entspannen des Rückens.

Anfangs kann der Oberkörper leicht nach vorne geneigt werden, später soll das Entlasten der Gesäßknochen bei aufgerichtetem Oberkörper durch Gewichtsverlagerung auf die Oberschenkel geschehen. Die Schenkel liegen während des Zurückgehens verwahrend am Pferdekörper, um ein seitliches Ausweichen zu verhindern. Durch leichte Impulse im Takt der

Tritte lösen sie stets einen neuen Rückwärtstritt aus, bis die gewünschte Anzahl erreicht ist. Die Zügel werden bei jedem Tritt nachgegeben, ohne jedoch die Anlehnung aufzugeben, da das Pferd ansonsten den Rücken wegdrückt.

Zur Korrektur sollte das Pferd nach jedem Tritt durch abfedernde Zügelhilfen zum Loslassen gebracht werden. Gleichzeitig ist darauf zu achten, daß es beim Rückwärtsrichten nicht zu eng im Hals wird, da es sich dann nicht mehr genügend ausbalancieren kann, was sich mit Widerwillen äußern wird.

Das Ausweichen der Hinterhand in die Bahnmitte, um sich der Lastaufnahme zu entziehen, wird durch leichte Schultervorstellung ausgeglichen.

Das Rückwärtsrichten muß jederzeit durch die vortreibenden Hilfen des Reiters abgebrochen und die Vorwärtsbewegung erneut eingeleitet werden können. Ein unkontrolliertes Zurück-

weichen des Pferdes ist auf jeden Fall zu verhindern, da dies dem Pferd die Möglichkeit gibt, sich den Hilfen des Reiters völlig zu entziehen. Aus diesem Grund wird in der Prüfung teilweise auch das sofortige Anreiten oder Antraben aus dem Halten verlangt. Das Pferd sollte die Beine vor dem Anreiten dann nicht schließen.

ZÜGEL AUS DER HAND KAUEN LASSEN

Beim "Zügel aus der Hand kauen lassen" soll sich das Pferd willig durch Verlängerung des Zügels vorwärtsabwärts dehnen. Die Verbindung darf hierbei keinesfalls verloren gehen.

Das Pferd soll sich so lange strecken, bis sein Maul willig kauend ungefähr auf Buggelenkshöhe getragen wird. Es soll festgestellt werden, ob der Reiter das Pferd korrekt an den Hilfen hat

Das Pferd folgt dem langsam nachgebenden Zügel bis auf Höhe des Schulterbuggelenks. Es bleibt dabei durch das Genick. Foto: C. Busch

oder ob es jede Gelegenheit nutzt, sich von einengenden Hilfen zu befreien. Der Reiter sollte durch energisches Nachtreiben im Arbeitstempo das Pferd dazu anregen, seinen Hals in Dehnungshaltung zu strecken.

Wenn das Pferd weich nach vorwärts-abwärts zieht, gibt der Reiter stückchenweise die Zügel nach. Er muß allerdings darauf achten, die Verbindung nicht aufzugeben. Mit dem längeren Zügel kann der Reiter ebenso einwirken wie mit dem kurzen Zügel. Das Pferd bleibt an den Kreuz- und Schenkelhilfen des Reiters und hält den Takt und das Tempo der Gangart.

ÜBERSTREICHEN

Beim Überstreichen gibt der Reiter im Trab oder im Galopp während zwei bis drei Pferdelängen die Anlehnung auf

und schiebt beide Hände entlang des Mähnenkamms nach vorne. Das Pferd muß dabei in korrekter Haltung und an den Hilfen des Reiters bleiben.

Es ist kein Fehler, wenn die Stirn-Nasen-Linie dabei etwas vor die Senkrechte kommt, wenn die Anlehnung gegeben ist.

TRABVOLTE

Durch die reiterliche Einwirkung muß sich das Pferd in der Volte biegen. Der innere Schenkel wirkt biegend am Gurt ein. Der äußere Schenkel liegt hinter dem Gurt und begrenzt die Hinterhand. Er verkleinert die Volte gegebenenfalls.

Das Reitergewicht belastet die Innenseite. Der innere Zügel führt das Pferd in die Wendung und erhält die Stellung. Er muß während der Volte

Beim Überstreichen bleibt das Pferd an Kreuz und Schenkel, ohne sich aus der Anlehnung zu strecken.
Foto: V. Störzinger

Das Pferd ist um den inneren Schenkel der Reiterin gebogen. Sie gibt ihm genügend Rahmenfreiheit. Foto: C. Busch

leicht geführt werden und darf auf keinen Fall ziehen, da ansonsten die Gefahr des Engwerdens im Hals besteht.

Der äußere Zügel begrenzt und kann durch leichtes Andrücken am Hals für das Geraderichten des Pferdes sorgen.

Um das Tempo zu regulieren, gibt der Reiter je nach Bedarf halbe Paraden. Das Pferd wird bereits eine Pferdelänge vor Erreichen des Punktes, an dem abgewendet werden soll, nach innen gestellt und gebogen.

Der äußere Zügel und innere Schenkel sorgen dafür, daß das Pferd dabei nicht zu früh abwendet. Die Schenkeleinwirkung erfolgt rhythmisch im Takt der Bewegung.

Das Pferd soll keinesfalls mit den Zügeln in die Volte gezogen werden. Vielmehr wird das Pferd durch die Einwirkung des äußeren Schenkels in die Volte getrieben. Die Volte muß nun von Anfang an gleichmäßig gebogen angelegt werden.

KEHRTVOLTE

Diese wird meist aus der zweiten Ecke der langen Seite heraus geritten.

Der Reiter biegt und stellt das Pferd in die Ecke hinein wie zu einer Volte.

Nach der Hälfte der Volte treibt er das Pferd geradeaus zum Hufschlag zurück, um den Handwechsel auszuführen.

Bei der Rückführung sollte das Pferd absolut gerade gestellt sein.

Vor allem der innere Zügel darf in der Wendung nicht ziehen, sondern muß elastisch bleiben, da sonst die Gefahr besteht, daß das Pferd traversartig zum Hufschlag zurückkommt.

In der Galoppvolte bleibt das Pferd bergauf und springt mit der Hinterhand unter den Schwerpunkt.
Foto: C. Busch

VOLTENACHT

Bei der Voltenacht werden zwei Volten mit Richtungswechsel unmittelbar aneinandergereiht. Hierbei ist es wichtig, das Pferd gegen Ende der ersten Volte geradezurichten und nach einem Moment geradeaus in die neue Volte umzustellen.

Ein extremes Herumziehen des Pferdehalses ist zu vermeiden, vielmehr soll der Reiter die Biegung in die neue Richtung durch Einsatz seines neuen inneren Schenkels erreichen.

GALOPPVOLTE

Im Galopp ist es schwieriger, das Pferd in gleichmäßiger Balance zu halten. Das Reiten von Galoppvolten muß deshalb besonders vorbereitet werden.

Grundsätzlich ist die Voraussetzung, eine Galoppvolte reiten zu können, das Setzen des Galopps. Bei korrekter Versammlung und Biegung sollte sich das Pferd willig auf der Achtmetervolte reiten lassen. Die Aufrichtung bleibt dabei erhalten. In der Volte ist stets auf das gute Durchspringen der Hinterhand und das Geraderichten des Pferdes zu achten. Die äußeren Hilfen sorgen dafür, daß die Hinterhand des Pferdes nicht ausfällt. Um das Durchspringen zu gewährleisten, muß der Reiter im Takt mit Kreuz- und Schenkelhilfen vortreiben.

Viele Reiter neigen dazu, das Pferd in der Volte im Hals eng zu machen. Hierdurch entstehen Gleichgewichtsprobleme, die zum Ausfallen führen. Der Reiter muß den Pferdehals immer vorlassen und zur Dehnung veranlassen (ohne dabei die Anlehnung aufzugeben).

KEHRTVOLTEN IM GALOPP

Kehrtvolten im Galopp können aus der zweiten Ecke der langen Seite oder später auch Mitte der langen Seite verlangt werden. Der erste Teil der Kehrtvolte wird wie die Galoppvolte geritten.

Nach der Hälfte der Volte wird gerade zum Hufschlag zurückgaloppiert. Die Rückführung zum Hufschlag sollte nach fünf bis sechs Metern erfolgt sein und darf keinesfalls traversartig sein. Das energische Vorwärtsreiten sowie das sichere Anstehen der äußeren Hilfen ist hier von besonderer Bedeutung.

Ein oft auftretendes Problem beim Zurückreiten auf den Hufschlag ist die übertriebene Innenstellung. Hierdurch weicht die Hinterhand aus und das Pferd wird schief. Ein korrektes Weiterreiten im Außengalopp ist unmöglich. Der Reiter sollte vermehrt mit den äußeren Hilfen reiten und das Pferd nur leicht abstellen.

AUßENGALOPP

Das korrekte Reiten des Außengalopps ist ein Prüfstein der gut aufeinander abgestimmten Hilfengebung des Reiters. Der versammelte Galopp sowie das Annehmen der Galopphilfe auf beiden Seiten sind Voraussetzung für den Außengalopp.

Der Reiter muß die Bahnecken etwas abrunden, um das Pferd optimal in der Außenstellung zu halten. An den langen Seiten wird die Haltung des Pferdes durch halbe Paraden korrigiert. In den Ecken und an der kurzen Seite geht der Reiter mit den Zügeln elasti-

Im Außengalopp wird das Pferd nur leicht abgestellt. Es soll sich im Gleichgewicht tragen, ohne mit der Hinterhand auszuweichen.
Foto: C. Busch

scher mit, treibt aber gleichzeitig energisch vorwärts, um ein Ausfallen zu verhindern.

Man sollte das Angaloppieren im Außengalopp üben, da man im Notfall in der Prüfung auf diese Weise nach einem Ausfallen oder Umspringen korrigieren kann. Anfangs reitet man dazu auf den zweiten Hufschlag. Fällt das Pferd oft aus, sollte überprüft werden, ob die Einwirkung korrekt ist und ob das Pferd genügend gesetzt galoppieren kann.

Um in den Außengalopp zu wechseln, sollte der Reiter zuerst den Handgalopp gut aufnehmen und dann aus der Ecke kehrt oder durch die halbe Bahn in den Außengalopp wechseln. Die Hilfen des Reiters entsprechen

Das Pferd steht im Außengalopp aufgerichtet am äußeren Zügel. Die Reiterin bleibt völlig gerade sitzen. Foto: C. Busch

denen des Innengalopps. Kurz nach dem Wechseln sollte er jedoch etwas energischer vorwärts reiten, um das Durchspringen des Pferdes zu erhalten.

Im Außengalopp muß er für eine gleichmäßige Bergaufhaltung des Pferdes sorgen. Besonders dem Auseinanderfallen und nicht mehr genügend Durchspringen ist zu Beginn im Außengalopp durch deutliche Hilfengebung entgegenzuwirken.

Ein oft zu sehender Fehler ist das übertriebene Außenstellen des Pferdes. Dies führt zum Ausweichen der Hinterhand und damit Ausfallen des Pferdes. Es geht zuviel Vorwärtsimpuls verloren.

Deshalb ist auf die Wechselwirkung zwischen innerem Schenkel und äußerem Zügel zu achten (innen und außen sind im Außengalopp im Hinblick auf die Bewegungsrichtung in der Reit-

bahn natürlich vertauscht). Auch im Außengalopp ist das Geraderichten des Pferdes zu beachten. Auch hier wird die Vorhand des Pferdes leicht zur Bahnmitte geführt und mit den äußeren Hilfen gut begrenzt. Der innere Zügel (an der Bahnaußenseite) sollte immer wieder elastisch nachgegeben werden, um das Durchspringen des inneren Hinterbeines zu ermöglichen.

Wenn der Außengalopp auf der ganzen Bahn sicher gelingt, sollte er auch auf dem Zirkel geritten werden. Besondere Schwierigkeiten macht hier das korrekte Einhalten der Zirkellinie, wenn der Reiter das Pferd zu sehr nach außen abstellt und durch Festhalten des inneren Zügels das vermehrte Unterspringen des inneren Hinterbeines verhindert.

Vom Außengalopp wird ein Durchparieren zum Schritt oder ein einfacher

Wechsel zum Innengalopp verlangt. Hierbei sollte der Reiter auf ein Vorherrschen der Kreuz- und Schenkelhilfen achten und keinesfalls am Zügel ziehen.

Vor allem an der kurzen Seite ist beim Durchparieren darauf zu achten, daß sich das Pferd beim Durchreiten der Ecke ausbalancieren kann. Das Gewicht sollte auf allen vier Beinen lasten, damit die Hilfen korrekt durchkommen können.

Läßt der Reiter das Pferd zu eilig durch die Ecke galoppieren, wobei es vermehrt das innere Beinpaar belastet, ist ein korrekter Übergang zum Schritt nicht möglich.

HINTERHANDWENDUNG

Die Hinterhandwendung erfolgt aus dem Halten (eine Kurzkehrtwendung aus der Bewegung). Das Pferd wendet hierbei um die auf der Stelle tretende Hinterhand, wobei der Wendepunkt möglichst nah am inneren Hinterbein des Pferdes liegt.

Die Hinterhandwendung ist die schwierigste Lektion im L-Bereich, da sie vom Reiter viel Gefühl für die richtige Abstimmung der Hilfen verlangt. Das Pferd soll in die Bewegungsrichtung gestellt und gebogen mit den Vorderbeinen einen Kreis um die Hinterbeine beschreiben.

Die Vorderbeine kreuzen dabei, die Hinterbeine treten im Schrittakt auf einem kleinen Kreisbogen, ohne zu kreuzen. Lediglich beim letzten Tritt, der das Pferd vorwärts-seitwärts zurück auf den Hufschlag führt, dürfen die Hinterbeine kreuzen. Im Gegensatz zur Vorhandwende wird das Pferd bei der Hinterhandwende nicht nur gestellt, sondern auch gebogen. Der innere Schenkel wirkt biegend am Gurt ein, der äußere liegt verwahrend eine Handbreit hinter dem Gurt und verhindert das Ausfallen der Hinterhand. Das Gewicht wird nach innen verlagert.

Der Reiter sollte darauf achten, nicht in der Hüfte einzuknicken. In Prüfungen der Klasse L ist es kein Fehler, wenn der Reiter die Hinterhandwendung über einen oder zwei Tritte nach vorne einleitet. Dann führen beide Zügel die Vorhand des Pferdes auf einem Kreisbogen um die Hinterhand. Je nach Engagement des Pferdes wird mit halben Paraden abfangend eingewirkt.

Der innere Schenkel sorgt gleichmäßig für die Biegung des Pferdes und regt mit kurzen Impulsen die Hinterbeine zum Mittreten auf der Stelle an. Der äußere Schenkel verhindert das Ausfallen der Hinterhand, das vor allem bei übertriebener Innenstellung vorkommt.

Gleichzeitig kann er durch kurzes Vortreiben das Abfußen der Hinterbeine in Richtung Schwerpunkt unterstützen. Er darf nicht seitwärts treiben, da er damit das Pferd zum Kreuzen der Hinterbeine anregen würde.

Das Zurücktreten ist als der größere Fehler bei der Hinterhandwendung anzusehen. Zur Übung sollte der Reiter die Hinterhandwende zu Beginn mit größerem Radius reiten, da ansonsten die Gefahr besteht, das Pferd zu sehr einzuengen, wodurch es die Lektion als unangenehm empfindet.

Bei der Hinterhandwendung wird Versammlung verlangt. Das Pferd muß während der Wende untertreten und

Das Pferd biegt sich um den inneren Reiterschenkel. Das äußere Vorderbein fußt vor das innere. Die Hinterbeine treten aktiv auf einem kleinen Kreis mit. Fotos: C. Busch

sich leicht aufrichten. Das Wegdrükken des Pferderückens muß jedoch vermieden werden. Durch vermehrte Hankenbiegung wird dem Pferd die Hinterhandwende leichterfallen.

Ein oft vorkommender Fehler in der Hinterhandwende ist das Vorausgehen der Hinterhand in der Wendung. Der Reiter hat es dann versäumt, beim Auslösen der Hinterhandwendung eine leichte Schultervorstellung zu erreichen. Hierdurch wird die Hinterhandwende nicht wie gefordert in vier bis fünf Schritten ausgeführt, sondern werden wesentlich mehr Schritte benötigt.

Oft wird die Hinterhandwendung auch zu groß, weil das Pferd mit der Hinterhand einen zu großen Kreis ausführt. Meist kreuzen hier auch die Hinterbeine. In diesem Fall muß der Reiter darauf achten, mit seinem äußeren Schenkel nicht seitwärts zu treiben und das Pferd mehr zu biegen. Bei fehlender Längsbiegung ähnelt die Hinterhandwendung mehr einem Schenkelweichen auf der Stelle. Der innere Reiterschenkel muß vermehrt biegend einwirken und die Wendung gleichzeitig durch engeres Herumführen der Vorhand verkleinert werden.

Ein extremer Fehler ist die Außenstellung in der Hinterhandwendung, da hierdurch keinerlei Biegung möglich ist. Meist neigt das Pferd in diesem Fall zum Herumeilen in der Wende. Dies stellt der Reiter am besten durch abfangende Zügelhilfen sowie Entgegenwirken mit dem inneren Schenkel ab.

Die Hinterhandwende sollte hier zur Übung trittweise geritten werden und das Pferd zwischendurch immer wieder zum Abkauen angehalten werden.

ERFOLG IN DER DRESSUR-REITER PRÜFUNG

KURZKEHRTWENDUNG

Die Kurzkehrtwendung fällt in der Regel leichter in der Ausführung als die Hinterhandwende, da das Pferd hier aus der Bewegung direkt in die Wende übergeht und sich die Hinterhand bereits mehr unter dem Schwerpunkt befindet und das Pferd meist besser mittritt.

Dies ist besonders der Fall, wenn das Kurzkehrt aus dem Trabe geritten wird. Hierzu wird das Pferd zum Schritt durchpariert und unmittelbar in die Kurzkehrtwendung geführt. Wichtig ist, daß es vor dem Einleiten der Kurzkehrtwendung korrekt an den Hilfen des Reiters steht.

Deshalb wird das Pferd im Takt mehr unter den Schwerpunkt getrieben und ihm eine konstantere Anlehnung abverlangt, ohne es eng zu machen. Bereits eine Pferdelänge vor der Stelle, an der die Kurzkehrtwendung ausgeführt werden soll, wird das Pferd vorbereitend nach innen gestellt und gebogen.

Wenn alle Tempi und Lektionen korrekt ausgeführt werden können, steht dem erfolgreichen Start in einer Dressurreiterprüfung nichts mehr entgegen. Der Reiter sollte sich nach jedem seiner Ritte, ganz gleich ob er erfolgreich war oder nicht, auf jeden Fall das Protokoll der Richter abholen.

Im Protokoll sollten Sitz, Hilfengebung, Einwirkung, Lektionsreiten und Verweise auf die Ausbildungsskala enthalten sein.

Die Richter müssen (und können) nicht zu jedem Punkt etwas diktieren. Vielmehr werden hier nur besonders gute oder besonders schlechte Eindrücke vermerkt.

Sie sollten sich die Mühe machen und den Fachjargon verstehen lernen, da Ihnen die Korrekturen zu reiterlichem Fortkommen verhelfen sollen. Die meisten Richter sind den Reitern gegenüber positiv eingestellt und wollen dem Reiter helfen, sich zu verbessern.

Eine Verbesserung ist auch immer noch möglich, auch wenn Sie bereits Seriensieger in Dressurprüfungen sind.

Das tägliche Training im Sinne der Ausbildungsskala führt Pferd und Reiter mit Sicherheit zu Erfolgen im Dressursport. Foto: P. Geier

Sollten Sie ein Protokoll einmal gar nicht verstehen, scheuen Sie sich nicht, den zuständigen Richter nach der Prüfung aufzusuchen und ihn freundlich zu bitten, die Unklarheiten zu beseitigen.

Wenn sie nicht gerade in Zeitdruck sind, erfüllen fast alle Richter diesen Wunsch gerne, wenn Sie Ihr Protokoll mitbringen, damit der Richter eine kleine Gedächtnisstütze hat. Schließlich sieht er an einem Turnierwochenende eine ganze Menge Pferde und kann sich beim besten Willen nicht alle Ritte einprägen. Aber die von ihm gegebenen Kommentare auf dem Protokoll kann er oder sie kommentieren.

Sinnvoll ist es auch, sich den eigenen Ritt zu Hause noch einmal auf Video anzusehen und mit dem Protokoll zu vergleichen. Oft erkennt man dann die Fehler, die die Richter gesehen haben und die einem gar nicht so bewußt waren, weil sich das Reiten halt nun mal vom Pferd aus anders anfühlt, als es von unten aussieht. Das Protokoll kann Ihnen dann helfen, Ihr Gefühl zu korrigieren und in Zukunft korrekt auf das Pferd einzuwirken.